Horst Trenke (Hrsg.)

Was ist dran am Mann?

18 Frauen und ein Thema

Rasch und Röhring Verlag

Die Deutsche Bibliothek – CIP-Einheitsaufnahme

Was ist dran am Mann? : 18 Frauen und ein Thema / Horst Treuke. - Hamburg : Rasch und Röhring, 1997
ISBN 3-89136-652-3

Großer Burstah 42, 20457 Hamburg, Fax 040/37 13 89
Umschlaggestaltung: Peter Albers
Satzherstellung:
Alphabeta Druckformdienst GmbH, Hamburg
Druck- und Bindearbeiten: Westermann Druck, Zwickau
Printed in Germany

Inhalt

Vorwort

Dieses Buch ist mit Witz und Feuer, mit Ernst und Spott geschrieben. Von Frauen, die kein Blatt vor den Mund nehmen. Ob man es nun amüsiert, verärgert oder betroffen und nachdenklich zur Kenntnis nimmt – ein Lesevergnügen ist es allemal. Auch – und besonders – für alle jene vermeintlich über jede Kritik erhabenen Männer, denen Matthias Claudius schon vor zweihundert Jahren in seinem »Wandsbeker Bothen« die Leviten las: »Nichts ist so elend wie ein Mann, der alles weiß, und der nichts kann.«
Ich bin sicher, Claudius hätte seine Freude an den hier versammelten Autorinnen und ihrem ungeschminkten Männerbild.

Horst Treuke

Eva Windmöller

Das Schweigen der Männer

Ich komme aus einer Familie, in der die Frauen sehr viel reden. Mein Großvater mütterlicherseits war Amtsrichter, ein schöner strenger Mann mit sorgfältig gestutztem Spitzbart, akkurater Weste und hohem Kragen. Wenn er abends nach Hause kam, setzte er sich in den grünsamtenen Ohrenklappensessel und wollte hinter seiner Zeitung nicht gestört sein. Meine Großmutter, geschäftig in der Küche hin und her eilend, ließ sich derweil von den Kindern die Tageserlebnisse erzählen, wobei die Tochter ergiebiger war als der Sohn. Beim Essen galt die Regel *»Kinder bei Tisch/stumm wie ein Fisch«*, es sei denn, sie wurden zu einer Mitteilung aufgefordert. Dies geschah zumeist durch den Vater, der eine methodische Frage nach der Schule an sie richtete. Ein Austausch von Meinungen oder gar Temperamenten ergab sich daraus nicht. Es hätte sich vielleicht ergeben, wenn der schöne strenge Amtsgerichtsrat etwas aus seinem Prozeßalltag berichtet hätte, aber dazu erschien ihm das Forum wohl zu kommun. Und plaudernd »von

Hölzken auf Stöcksken zu kommen«, wie der Westfale das nennt, ging ihm wider die Natur. Er verweilte lieber bei einem – vorwiegend seinem – Thema, sich vom Persönlichen aufs Allgemeine beziehend, auf die Welt da draußen, aufs Ganze.

Meine Großmutter, der öffentliches Wirken dank der Sozialarbeit in ihrer Kirchengemeinde durchaus nicht fremd war, ging den umgekehrten Weg. Sie legte Hand an die Welt, sie knetend wie einen Kuchenteig, und machte sich so zu eigen, was ihr an Geringem wie Erhabenem *da draußen* wie *da drinnen* widerfuhr. Mein Großvater dachte linear, meine Großmutter in Sprüngen. Das machte ihn nervös. Sie wiederum stieß sich daran, daß er den sogenannten kleinen Dingen des Lebens so wenig Bedeutung beimaß, wenn er sie überhaupt beachtete.

Und just hier, meine lieben jungen neo-/post-feministischen-oder-was-auch-immer Schwestern, just hier scheint mir das alte, ewig neue, trotz aller Aufklärung noch weithin ungelöste Problem zu liegen, nämlich: daß Männer und Frauen einander im Grund nicht verstehen.

Ich weiß, man sollte es nicht tun. Es ist naiv, unsouverän, vor allem bringt es nichts, hat noch nie etwas gebracht . . . egal. Auf diese Blöße kommt es nun auch nicht mehr an, wenn man auf dem Long Island Expressway, zum Beispiel, wissen will, was der Mann am Steuer gerade denkt – jetzt! in diesem Augenblick! –, er macht ein so entrücktes Gesicht. Ich frage: »Was denkst du jetzt gerade? Schnell!« Ohne zu zögern sagt er: »Ich muß den Epson Printer zurückschicken und überlege, ob ich den Karton noch habe. Kann er auf dem Speicher sein?« Ich bin irgendwie erleichtert und auch enttäuscht. Zu Beginn unserer Ehe war es das bessere Objektiv, an das er gerade dachte. An die alte Leica, ob er die noch behalten sollte. An die erste elektronische Nikon, den neuen Fuji-Film. Später dachte er an seine Apple Macintoshs, die er mir zugunsten größerer, schnellerer Modelle vererbte. Dann segelte er ab in Höhen, in die ich ihm nicht mehr folgen konnte – Adobe Photoshop 3.0. Data Memory Systems. High Performance Disk Management. Colotron's Color Calibration Target. User's Manual for CharisMac Engineering.

Vom Living Room aus kann ich ihn, vier Zimmer weiter, am Ende des langen Flurs für viele Stunden des Tages und der Nacht vor seinem Computer sitzen sehen, in unveränderter Stellung, bläulich angeleuchtet das Profil. Wenn ich das Fernglas fände, könnte ich ihn ganz nah heranholen. Er ist glücklich. Kürzlich sprach er mit seinem Computer. Eine Art Roboter-Hostess, wegen ihres Kindergartentons von mir Elsa genannt, führte ihn nach der Begrüßung: »Hello, my friend! How are you today? What can I do for you?« durchs Software-Labyrinth. Elsa war perfekt. Nach zwei Tagen fragte ich: »Warum heiratest du sie nicht? Sie ist chronisch gutgelaunt, faßt sich kurz, stellt keine überflüssigen Fragen, gibt keine Widerworte und erledigt alles, was du ihr aufträgst, und zwar sofort. Das wirst du von mir nie kriegen.«

»Ich weiß«, sagte er.

»Schaff sie wieder ab«, sagte ich.

Das war das Ende von Elsa.

Wahrscheinlich will ich zuviel. Wir könnten es ganz friedlich haben. Aber dann fällt mir ein altes Foto in die Hand, und ich denke: Gab es den Mann überhaupt je so, wie ich ihn sah, beziehungsweise sehen wollte? Wann habe ich zum erstenmal bemerkt, daß er nicht sagen kann – oder will –, was in ihm vorgeht?

Bemerkt sicherlich schon bald. Klar erkannt allerdings erst nach Jahren, und zwar durch eine New Yorker Freundin, die beim Drink an der Bar eines fashionablen Italieners von ihm wissen wollte, wie er mit depressiven Phasen umgehe. Er habe keine depressiven Phasen, wehrte er ab. »Oh, come on!« insistierte sie und bohrte so lange weiter, bis er plötzlich das Jackett vom Haken riß und in die Nacht hinausstürmte. Ich, sie verteidigend, hinterher. Wir stritten uns bis zur 63. Straße, schwiegen steinern im Aufzug, stritten uns weiter in der Wohnung, bis ich plötzlich die Teekanne nahm und gegen die Wand warf. Sie war noch halbvoll. Er ließ die Zeitung, hinter die er sich in provokativer Ruhe zurückgezogen hatte, sinken und sagte nur: »Da wirst du einiges zu tun haben.« Worauf nunmehr ich in die Nacht hinausstürmte, um im Taxi in

Richtung Times Square zu fahren, wo noch Betrieb war, entschlossen, mich mindestens zwei Stunden dort aufzuhalten, um ihn zu bestrafen.

Es war keine gute Idee. Nach einer Stunde fuhr ein Streifenwagen der Polizei langsam neben mir her. Die zweite Stunde füllte ich damit aus, zu Fuß nach Hause zurückzugehen. Die Tür zum Schlafzimmer war angelehnt. Ins Dunkle lauschend, vernahm ich regelmäßige Atemzüge. Es war alles umsonst gewesen. Er schlief. Bei Sonnenaufgang lag ich auf den Knien, um die Spuren meiner fruchtlosen Argumentation zu beseitigen. Das muß ihn geweckt haben; blinzelnd trat er ins Licht. Meine würdelose Stellung ignorierend, rief er zu meinem Entzücken »Böser Kater!« über die Schulter nach hinten, und noch einmal: »Böser Kater!« Ein Sieg des Humors immerhin.

»Und du?« fragt mich der Mann am Steuer. »Woran denkst du jetzt gerade?«

»Willst du's wirklich wissen?«

»Ich ahne es schon.«

»So?«

»Du hast sicher übers Leben nachgedacht.«

Natürlich. Da wären wir wieder beim Thema. Ich komme, wie gesagt, aus einer Familie, in der die Frauen viel reden. Mein Vater, in der Bergbautradition des Ruhrgebiets großgeworden, war ein attraktiver, liebenswerter Mann. Einmal die Woche fuhr er als Zechendirektor in Essen zur Inspektion in den Schacht ein. Als Kind flog ich ihm dann an der Haustür mit dem Ruf entgegen: »Du siehst aus wie ein Filmstar! Hast du dich wieder geschminkt?«, weil seine hellblauen Augen von schwarzen Kohlenstaubwimpern umrandet waren. »Ja, hab' ich«, zwinkerte er mir zu. »Ich hab' auch schon Angebote.« Bei Tisch überließ er seiner eleganten Frau das Wort, obgleich er zum Nutzen der Allgemeinheit an so einem Tag zweifellos mehr erfahren und bewegt hatte als sie. »Aber wen«, so pflegte er rhetorisch zu fragen, »interessiert schon der Stand der Förderung?«

Meine kapriziöse Mutter sicher nicht. Sie war wegen der Hausschneiderin nicht ausgegangen, hatte aber ausführlich telefoniert, eine neue Jazzplatte gehört, sich über die Politik in der »Rheinisch-Westfälischen« geärgert und Rilkes »Duineser Elegien« wieder aus dem Bücherschrank hervorgeholt. All das verband sie zu einem unterhaltsamen, von subjektiven Einsprengseln lebhaft durchwirkten Tableau, wobei sich auf natürliche Weise eines aus dem anderen ergab. Für Dialoge war der Stil freilich ungeeignet, denn ihre Sätze waren so ineinander verflochten, daß man Mühe hatte, auch nur ein Wort dazwischenzubekommen.

Die Eigenschaft, ein Gespräch nicht hergeben zu können, sondern es in einem unbewachten Moment des Partners wie durch Gummizug zurückschnellen zu lassen, hat mich an meiner Mutter teils fasziniert, teils habe ich sie dafür gehaßt. Eigentlich mehr gehaßt. Erst spät ging mir auf, daß ich es im Grunde nicht anders mache als sie, wenn man mich läßt. Zu meiner Verteidigung könnte ich meine ungebremste Redelust psychologisch aus der Kompensation für jahrzehntelange verbale Entzugserscheinungen herleiten, aber wen kümmert schon das Motiv.

Etwas anderes erschüttert mich viel mehr. Während ich dies schreibe, lasse ich Dutzende mir bekannter ruheloser Frauen samt ihren dazugehörigen stilleren Männern aus den unterschiedlichsten Alters-, Berufs- und Einkommensgruppen an meinem geistigen Auge vorüberziehen. Und da drängt sich mir eine Frage auf, die meine bisherigen Überlegungen in eine neue Richtung treibt: Reden die Frauen soviel, weil die Männer schweigen? Oder schweigen die Männer soviel, weil die Frauen reden? Je länger ich darüber nachdenke, desto mehr bestätigt sich mein Verdacht, daß eher das zweite der Fall ist. Das Gewicht der Beispiele (mein eigenes eingeschlossen) ist einfach erdrückend.

So konnte man etwa, um eines der prominentesten Beispiele anzuführen, im letzten amerikanischen Wahlkampf sehr schön beobachten, wie die Frau des Präsidentschaftskandidaten der Republikaner, Elizabeth Dole, ihren Mann mit solcher Verve unterstützte, daß das Volk sich am Ende fragte, warum nehmen wir nicht gleich die? Gewiß, der Mann war integer, erstaunlich uneitel, ein geschickter Taktiker, der als Vorsitzender der republikanischen

Minderheit im Senat Jahrzehnte hindurch Hervorragendes geleistet hatte, begabt überdies mit sarkastischem Witz. Aber das waren alles Qualitäten, die in der heißen Phase des Wahlkampfs bei den Viehzüchtern in Wyoming nicht recht zum Tragen kamen. Und eben hier sprang Elizabeth Dole in die Bresche, indem sie Babys küßte, Frauen umarmte, rauhen Männern leicht die Hand auf den Cordjackenärmel legte und eine kühl kalkulierte, warm vorgetragene »Bob Dole for President«-Rede hielt – schließlich war sie Minister für Transport und Arbeit unter Ronald Reagan gewesen und wußte, wie man sowas macht.
Bei einer Jay-Leno-Talkshow donnerte die 60jährige gar in schwarzer Lederkluft auf dem Rücksitz eines Motorrads vor die Kameras. Um den Beifall des Publikums dorthin zurückzulenken, wo er hingehörte, nämlich auf die Person Bob Doles, bekannte Mrs. Dole, es sei schon immer ihre Schwäche gewesen, übers Ziel hinauszuschießen, und gab die Pro&Contra-Diskussion in Grand Rapids, Michigan, 1977, in Sachen Verbraucherschutz zum besten, die inzwischen in die amerikanische Fernsehgeschichte eingegangen ist. »Mein Mann sagte vor der Sendung, komm, Elizabeth, machen wir's ganz spontan, so wie zu Hause am Frühstückstisch. Und schon vergaß ich, daß Millionen Leute zuschauten. Well, nach der ersten Halbzeit unterbrach er mich mit dem Satz: Elizabeth! Ich würde wirklich gern etwas beitragen hier, wenn

ich an irgendeiner Stelle einen Gedanken einflechten könnte. Und ich sagte: Bob, ich bin noch nicht fertig, und hab weitergeredet. Immer weiter, bis alles vorbei war. Wir haben danach sehr viel Post bekommen. Einen Brief hab ich für die Nachwelt aufgehoben. Ich hoffe, schrieb ein Zuschauer an meinen Mann, daß Sie es schaffen, Ihr Eheproblem bald zu lösen.«

Es ist Abend. Draußen wird es dunkel. Ich sitze vor meinem Computer und denke weit zurück. Meinem Vater habe ich mich nie wirklich mitteilen können. Er war zu scheu. Einmal sagte er den bezeichnenden Satz: »Übers Leben wurde bei uns zu Hause nie gesprochen.« Meine Mutter dagegen kannte kein Tabu, so extrovertiert wie sie war. Ungefiltert gab sie, im Guten wie im Bösen, von sich, was ihr gerade alles durch den Kopf schoß. Wirklich alles? Ich habe da inzwischen meine Zweifel. Von mir selber weiß ich nämlich, daß man sich hinter dem Wasserfall der Wörter gut verstecken kann. Wenn es mir schlechtging, klagte meine Mutter am Telefon über die Sorgen, die sie sich meinetwegen mache. Mein Vater setzte sich auf den Zug und half. Als ich viele Jahre nach seinem Tod einen alten Bekannten von ihm auf das Thema Schweigsamkeit ansprach, fragte er verwundert: »Schweigsam? Ihr Vater? Wie kommen Sie darauf?« Ein guter Menschenkenner sei er gewesen. Voller Geschichten, die er mit Sinn fürs Komische erzählt habe. Geschichten erzählt?

»Wem denn? Wo denn?« Ich konnte es nicht fassen.

»Oh, unter Freunden. So am Stammtisch. Auf der Jagd.«

»Worüber denn?«

»Na, über den Pütt. Über seine Hunde zum Beispiel.«

»Und?«

»Und über Sie natürlich.«

Seltsam. Die einen sind offen, die anderen verschlossen. Manchmal tauschen sie die Rollen. Doch sein tiefinnerstes Geheimnis gibt keiner preis.

Draußen pfeift der Wind. Es ist Nacht. Wer ums Haus herumginge, könnte jetzt zwei ziemlich weit voneinander entfernte Menschen vor ihren Bildschirmen sitzen sehen. Wenn man der grassierenden beziehungsesoterischen Literatur Glauben schenken darf, reflektieren Frauen also ihre Gefühle. Männer reflektieren die Welt. Fragt sich, was ist daran so falsch? Es könnte ja auch zu einem Austausch führen. Spannung ist lebenswichtig. Aber offenbar tun wir alles dafür, daß der Kreislauf versackt. In Umkehrung der Professor-Higgins-Klage: »Why can't a woman be like a man?« entfährt uns der Seufzer: »Er kann mich nicht verstehen. Er will mich nicht verstehen. Er versteht mich nicht. Warum fühlt er nicht so wie ich?«

Ja, warum. Weil Männer anders sind. Das wäre die einfachste Erklärung. Eine bessere fällt mir nicht ein, obwohl natürlich auch ich im emanzipatorischen Aufbruch der siebziger Jahre leidenschaftlich dafür plädiert habe, daß Jungens mit Puppen spielen. Heute stelle ich fest, daß sie immer noch mit Gewehren spielen. Aber das ist ja nur die Oberfläche. Wenn ich so die Kinder junger Freunde beobachte, wie sie laufen, schreien, lachen, gucken, staunen, kämpfen, sich bewegen, dann fällt die Ideologie von der Angleichung der Geschlechter auf beeindruckende Weise in sich zusammen. In dem koketten kleinen Mädchen sehe ich schon die spätere, sich ihrer Wirkung absolut sicheren Frau, und wie sie ihren Liebsten manipulieren wird. Die Knaben haben ab einem bestimmten Alter etwas Gerades, Festes, das sie für sich behalten. Ihr ernsthafter Blick rührt mich an.

Wäre es denkbar, daß ich den Mann, mit dem ich Haus und Leben teile, an der falschen Stelle habe aufbrechen wollen? Wahrscheinlich lag der Schlüssel offen in der Schale auf dem Garderobentisch, und ich bin Jahre und Jahrzehnte gegen die schwere Eichentür angerannt. Oh, wie lernunfähig kann man sein. All die Stürme, die nichts klärten. Das perpetuierte Mißverhältnis zwischen meiner Entäußerung und seiner Ruhe. Die weiße Flamme der Wut, die bei einer seiner kleinen ironischen Bemerkungen in mir hochschoß – in solchen Situationen hat es mich immer gewundert, daß nicht viel mehr Gattenmorde passieren. Und dann, aus heiterem Himmel, ein vernünftiges Gespräch. Ja, so geht es. Wärme. Glück. Die Welt ist wieder in Ordnung. »Vergiß nicht«, sagt ein kluger Freund, »auch der Mann hat seine Kinderängste. Nicht nur ihr.«

Möchten Sie ein Mann sein? Ich nicht. Wir haben doch alles erreicht, was wir wollten. Wir haben den Mann geformt nach unserem Bilde, ihm beigebracht zu weinen, sich einzubringen, sich zu hinterfragen. Und als er bis zum Schatten seiner selbst domenstiziert war, hohnlachten wir: »Was bist du für ein Schwächling. Geh weg. Wir brauchen dich nicht mehr.«

In Amerika schlägt das Pendel jetzt zurück. Aus der 1990 gegründeten, anfangs wenig beachteten christlichen Männervereinigung »Promise Keepers« (zu deutsch »Die ihr Versprechen halten«) ist eine der schnellstwachsenden spirituellen Bewegungen der USA geworden. In der Baseball-Arena des New Yorker Shea Stadiums fielen sich im September 1996 nach langem Beten und Singen 35 000 harte Burschen in die Arme und riefen im Chor: »Thank God I'm a man!« Als nächstes bereitet die Bewegung einen »Millionen-Männer-Marsch auf Washington« vor.

Unter diesen Umständen ist es vielleicht ganz klug, daß eine nomadisierende Malerfreundin von uns aus Arizona ihre romantische Partner-Suchanzeige nicht aufgegeben hat: »Bin – vielleicht – bereit für sensiblen, seelenvollen, unabhängigen, toleranten, liebenden, zärtlichen, kreativen, beweglichen, in sich ruhenden Traum-Mann! Ein naturverbundener, wüstenerprobter, forschender Geist soll er sein, nach höheren Werten lebend, mit Antennen für alle Sinnesfreuden. Weise! Und offen für ungewöhnliches Leben und Arbeiten in allen Erdreichen. Kurzum: eine balancierte Mischung aus Gantama Buddha und Robinson Crusoe.«

Ja, dann viel Erfolg!

Was will der Mann? Ich glaube, er will seine Ruhe haben. Insgeheim fürchtet er sich vor uns. Vor dem Satz: »Wir müssen miteinander reden.« Vor den geheimnisvollen Trieben, Kräften und Säften der Natur, die in unserem Körper steigen und fallen. Vor Mondzyklen und Hexenwahn. Am meisten aber vor unseren Ausbrüchen, Vorwürfen und Tränen, die ihn ebenso irritieren wie unsere Höhenflüge. »Warum könnt ihr nicht mal bei der Sache bleiben, statt gleich auf die Person zu gehen?« hält er dagegen. »Ihr seid immer so intensiv! Warum müßt ihr immer alles emotionalisieren, selbst Kleinigkeiten, um die es sich nicht lohnt?«

Ja, warum. Weil sich für uns – siehe oben – das Leben aus Kleinigkeiten zusammensetzt. Er seufzt. Er sagt nichts mehr. Aber wie ich uns kenne, wird er die Stille nicht lange genießen können. Andererseits sollten wir froh sein, daß er unsere zum Teil hormonell bedingten Achterbahnkurven nicht alle nachvollzieht. Das wäre das reine Chaos. Manchmal wäre es sicher hilfreich, dreimal tief Luft zu holen oder bis zehn zu zählen, statt spontan zu reagieren. Es geht auch anders, aber so geht es auch: Wir sollten den Mann nicht völlig feminisieren. Wir brauchen ihn noch als solchen.

Eva Windmöller, 72, *stammt aus dem Ruhrgebiet. Mit 24 bereits Reporterin beim »Spiegel«. Ab 1955 Allroundjournalistin bei Funk, Fernsehen, »Star Revue« und »Kristall«. 1963 »Stern«-Autorin, später, im Team mit ihrem Mann, dem »Stern«-Fotografen Thomas Höpker, lange Jahre Korrespondentin in Ostberlin und in New York. Bücher: »Ehen in Deutschland«, »Leben in der DDR«, »New Yorker«. Probt seit 1987 in den USA den (Un-)Ruhestand in einem Haus am See in Southampton auf Long Island.*

Martine Dornier-Tiefenthaler

Versager in Chefetagen

Es ist nun mal so, Frauen sind schöner, intelligenter und überhaupt die bessere Hälfte der Menschheit. Aber einmal von dieser wichtigen Erkenntnis abgesehen: Wenn wir uns überlegen, welchen Tätigkeiten die Männer und welchen Tätigkeiten die Frauen nachgehen, dann steht den Frauen heute jeder Weg offen. Sie sind diejenigen, die durch die Kindererziehung eine direkt lebensbezogene Aufgabe haben, während die Männer mehrheitlich in einer Kunstwelt leben. Die direkte Umsetzung von Befriedigung existenznotwendiger Bedürfnisse in Arbeit und damit der Zugang zu dem, was Leben an sich ausmacht, fehlt: Sie gehen heute nicht mehr zur Jagd, sondern hocken in ihren Büros.

Ich meine natürlich nicht die Jagd auf Frauen. Auf dem Gebiet stecken Männer streckenweise noch in der Steinzeit. Ich meine auch nicht die Jagd nach dem meisten Geld, nach dem größten Haus, nach dem neuesten Videorecorder oder dem schnellsten Auto – also nach all dem, was man heute gern unter

dem Begriff Existenzsicherung für die Familien zusammenfaßt. Ich rede vom Gegenteil, von dem, was zu tun notwendig ist, um zu leben.
Und dabei habe ich vor meinem geistigen Auge den Durchschnittsmann, der morgens in sein Büro geht, sich acht Stunden an seinem Schreibtisch mit der Produktion von Papier beschäftigt, um dann nach Hause zu seiner Frau zu kommen, die in denselben acht Stunden einen Haushalt organisiert und die Kinder erzogen hat. Den Begriff Erziehung kann man gar nicht wichtig genug nehmen, weil dies für Männer und Frauen die Zukunft bedeutet.
Wenn die Annahme heute noch stimmt, daß es in der Mehrheit Frauen sind, die die Kinder erziehen, prägen sie deren Verhalten in der Zukunft und damit die Zukunft der Gesellschaft. Die Frau bringt den Kindern bei, wie man sich benimmt, wie man mit Messer und Gabel ißt, bringt ihnen bei, daß Menschen nicht töten sollen – oder eben doch, je nachdem, wo die Kinder aufwachsen –, daß Politiker das Land regieren und vieles andere. Bei objektiver Betrachtung ist dies die qualifiziertere Tätigkeit.
Und, machen wir uns nichts vor, der Job eines Hausmanns ist für die meisten Herren der Schöpfung noch immer eine Lachnummer, eine unmögliche Zumutung. Der Job des Vorstandsvorsitzenden wird dann immer gern mit dem der Hausfrau verglichen. Doch nicht alle Männer sind Vor-

standsvorsitzende, und außerdem ist auch nicht jeder Vorstandsvorsitzende das, was sein Titel verspricht. Wenn sich bei den Männern einmal die Erkenntnis durchsetzen sollte, daß die Aufgaben, die sie – jetzt muß ich aufpassen, welche Berufsgruppe ich diskriminiere – beispielsweise als Postbeamter zu erledigen haben, weniger spannend als die Kindererziehung sind, dann werden die Männer wahrscheinlich bald darauf bestehen, sich um die Kinder kümmern zu dürfen, statt zur Arbeit zu gehen.

Die Frauen haben die Macht. Sie haben nur kein Bewußtsein davon. Sie lassen sich einreden, sie seien kleine graue Mäuse, die zu Hause hinter ihren Küchenschürzen das Leben verpassen. Oft passen sie sich dann diesem Bild an. Doch seien wir ehrlich, ist denn das Leben eines Vorstandsvorsitzenden soviel aufregender? Was tut er denn? Er verbringt mit einem Haufen Leuten des eigenen Geschlechts lange Zeit in Räumen ohne Tageslicht und mit schlechter Luft, trinkt dabei viel Kaffee und unterhält sich über eine Menge nutzloser Dinge. Bewundernswert ist allerdings, wie es den Männern gelingt, sich das Image von Vorstandsvorsitzenden zu verschaffen – egal, was sie wirklich tun. Verwunderlich ist es andererseits, wie wenig Frauen von Public Relations verstehen, wenn es um die Hausfrauen- und Mutterrolle geht. Wie gesagt, die Macht liegt in ihren Händen, aber sie reden nicht darüber. Es kann natürlich sein, daß viele Frauen

bereitwillig das Image der Männer mitpflegen, weil sich vermutlich andernfalls kaum ein Mann finden würde, der ihren Ansprüchen zur Familiengründung entspräche.
Wir kennen ja den Begriff »self-fulfilling prophecy«. In der Phase der Partnersuche (und so fängt es ja an) ist die Natur zum einen gnädig, denn sie macht blind. Zum anderen versucht die Frau, das Beste aus dem Angebot zu machen. Wenn wir dieses Angebot an Männern einmal kritisch betrachten, was sehen wir da? Lila Krawatten, Gesundheitsschuhe, weiße Socken und schwitzende Hände . . . Okay, selbst wenn man mal die schwitzenden Hände wegläßt, den Rest müssen die Frauen überspielen, indem sie dem Mann ein Image geben. So vermitteln wir unserem Gegenüber bereitwillig, daß er eben doch so erfolgreich wie ein Vorstandsvorsitzender, so stark wie Arnold Schwarzenegger und so schön wie Robert Redford sei. Und phantastisch ist, daß am Schluß alle Beteiligten daran glauben. Was ist das Ende vom Lied? Die Frau sitzt mit ihren Kindern zu Hause, macht die anstrengendere Arbeit und hat das schlechtere Image, weil es keiner aufpoliert hat.
Aber genug der üblen Nachrede. Ich will auch mal was Nettes über die Männer sagen. Nehmen wir mal an, eine Frau trifft im Berufsleben einen Mann. Was passiert dann? Der Mann glaubt, er sei die bessere Hälfte der Menschheit. Aber genau das wird ihm zum Verhängnis, auch wenn es oft lange

dauert, bis ihm das klar wird. Bis dahin hat die Frau schon längst erreicht, was sie wollte. Ich finde es ganz besonders nett, daß mir Männer diesbezüglich mein Leben leichtmachen. Ich spreche von meinem Beruf, in dem ich in erster Linie Verhandlungsgespräche führen muß. Dabei gilt ja der Grundsatz, daß man seinen Gegner nicht unterschätzen darf. Und ich habe, weiß Gott, lange von der männlichen Fehleinschätzung der Frauen profitiert.

Wie das so abläuft? Na, stellen wir uns mal vor, einen Affen vor uns zu haben, von dem wir überrascht sind, daß er sprechen kann. Wir würden ihn einen Moment lang beobachten. Und wenn wir dann feststellen, daß er die Materie beherrscht, müßten wir eigentlich annehmen, daß man sich nun der Angelegenheit widmen kann, derentwegen wir hergekommen sind, und nicht stundenlang darüber nachdenken, warum der Affe spricht. Hinterher überlegt man sich vielleicht noch einmal, was die Affen heute schon so alles können. Aber das war's dann auch. Ein relativ souveräner Mann würde sich so benehmen. Der unsouveräne Mann dagegen …

Da gab's mal einen, der hieß Herbert Gienow und war jahrelang Vorstandsvorsitzender bei Klöckner. In einem Interview posierte er als ritterlicher Beschützer und behauptete, das Topmanagement sei so hart, daß man Frauen davor bewahren müsse. Leider konnte der Gentleman nicht verhindern,

daß Klöckner einige Zeit später miese Bilanzen schrieb und Vergleichsantrag stellen mußte.
Nun plädiere ich deshalb nicht gleich, daß mehr Frauen ins Topmanagement gehen sollten. Nein, das wäre eine Katastrophe. Stellen wir uns nur vor, man würde denjenigen Männern, die sich fürs harte Berufsleben nicht eignen, die Kindererziehung überlassen; und die Frauen, die sich nach meiner Auffassung in großer Zahl dazu eignen, würden arbeiten gehen. Dann hätten wir zwar endlich ein Topmanagement, das diesen Namen verdient, aber grauenvolle Erziehungsergebnisse. Und wie stünde es dann um unsere Zukunft?
Man könnte an dieser Stelle einwerfen, daß die Frauen in der Erziehung wohl nicht alles richtig gemacht haben; denn sonst würde das Frauenbild der Männer ja nicht so falsch sein. Doch das sehe ich anders: Wir Frauen erziehen die Männer aus Selbstschutz so. Wenn sich jedoch etwas ändern soll, dann müssen die Frauen in der Tat die Kinder anders erziehen. Wenn ich heutzutage meine Töchter nicht darauf aufmerksam mache, daß Schminke, hohe Schuhe, unpraktische Kleidung nichts weiter als Dekorationsartikel sind, die den Zweck haben, den Mann zu beeindrucken, dann darf ich mich nicht wundern, wenn sie von diesen Dingen ahnungslos Gebrauch machen in der Annahme, dies habe man so zu tun. Zugegeben, man kann viele Männer mit solchen Äußerlichkeiten beeindrucken und sie dann auch dahin führen, wohin

man sie haben will. Ein weiterer Beweis unserer Überlegenheit. Aber Beeindrucken ist eine Sache, Bluffen eine andere. Ich ziehe Männer vor, die wissen, wo ihr Ziel ist.

Doch zurück zum Geschäft. Was wird da alles an Unfug verbreitet, um Frauen für Führungspositionen zu disqualifizieren! Sie würden ihre Weiblichkeit verlieren. Und überhaupt, sie könnten ja gar nicht mit Geld umgehen. Eigentlich verbietet es die Selbstachtung, dazu auch nur ein einziges Wort zu verlieren. Aber bitte, ich habe bisher viel Geld in meinem Beruf verdient und gelernt, mich durch das Gestrüpp der Instrumente am Kapitalmarkt einigermaßen erfolgreich durchzuschlagen. Ich bin ein mittelmäßiger Mensch weiblichen Geschlechts – also wo liegt das Problem?

Oh ja, all das gehört zu den vielen Merkwürdigkeiten, die mich heutzutage am menschlichen Zusammenleben so faszinieren: Wir leben von und mit solchen Gemeinplätzen und halten uns auch noch für besonders gut informiert, weil wir regelmäßig fernsehen und die Zeitung durchblättern – und da steht ja genau drin, wie die Welt angeblich ist. So glauben wir an die verrücktesten Sachen. Die harmloseren sind, daß der Mann größer als die Frau zu sein hat, daß die Männer sich nicht schminken sollen, Frauen dagegen schon. Das sind nur Spielregeln, die wir uns selbst gesetzt haben. Daran halten wir uns das ganze Leben hindurch, als wären sie das Nonplusultra, als würde die Welt

sonst untergehen. Dabei ist das alles sub specie aeternitatis, ein Nichts.
Es kann also keiner von mir verlangen, daß ich mich in diesem Land ernsthaft mit sogenannten Frauenthemen herumschlage. Wäre ich Frau in einem arabischen Land, wäre das eine andere Sache. Aber es muß doch gerade für die Frauen der östlichen Welt der blanke Hohn sein, daß wir, die wir alle Möglichkeiten haben, uns selbst bemitleiden und gespannt darauf starren, was das andere Geschlecht von uns denken könnte.
Schluß damit. Wir machen unsere Arbeit, erziehen uns die Jungs von morgen und erzählen keine Leidensgeschichten mehr. Wenn wir wirklich begriffen haben, wie mächtig wir sind, werden wir souverän genug sein, um den Männern immer noch das Gefühl zu geben, wir würden sie um ihrer selbst willen bewundern.

Martine Dornier-Tiefenthaler, *1954 in München geboren, Rechtsanwältin. Seit dem Zusammenschluß des traditionsreichen Luftfahrtunternehmens Dornier mit dem Daimler-Konzern (1985) macht die gewiefte und zudem attraktive Ehefrau des Dornier-Sohnes Conrado (mit dem sie vier Kinder hat) den Topmanagern in Stuttgart die Hölle heiß. Der Berliner TAGESSPIEGEL lobte sie als »Lady ohne Furcht und Tadel«, und die ZEIT bewunderte die streitbare Juristin als »Frau, die die Männer schafft«.*

Evelyn Holst

Eine Liebeserklärung an kleine Männer

Mit welchem kleinen Mann fing es an? Ich glaube, es war mein Großvater. Er hieß Erwin Horwitz, und nach seinem sechzigsten Geburtstag, so erzählte er schmunzelnd, sei er angefangen zu schrumpfen. Im Laufe eines Tages sowieso, mindestens zwei Zentimeter, dann war er morgens 1,66 Meter und abends nur noch 1,64, aber auch so. Wie klein er schließlich war, als er mit 88 Jahren starb, weiß ich nicht, aber ich habe ihn sehr geliebt. »Willst du einen Kuß auf die Nase oder auf die Evelyn?« Das war seine Begrüßungsfrage, und ich schwankte. Nase bedeutete Nasenspitze, Evelyn das gesamte übrige Gesicht. Seine Küsse waren feucht und großväterlich, und nicht immer war ich in Stimmung, aber meistens. Auf die Evelyn also.

Kleine Männer bestimmen seither mein Leben. Von meiner Libido ganz zu schweigen. Aber das gehört nicht in dieses Buch.

»Warum sind kleine Männer besser?« frage ich einen kleinen Mann, der sich selbst, wie alle kleinen Männer, als mittelgroß bezeichnet, und den ich vor langer Zeit auch einmal sehr geliebt habe, und er sagt: »Weil sie wissen, daß sich, wenn sie einen Raum betreten, nie das Rote Meer teilt. Keine Frau kriegt weiche Knie. Wenn sie also eine Dame auswickeln wollen, müssen sie sie einwickeln. Mit Witz, mit Charme und mit Intelligenz.« Sag ich doch.

Meine Schwester hat immer große Männer gehabt, ihr jetziger ist 2,05 Meter und muß gekrümmt gehen, weil sie in einem ganz alten Haus mit niedrigen Decken wohnen. Überhaupt machen viele große Männer, wenn sie außerdem noch Hungerhaken sind, immer den Rücken bucklig. Kleine Männer haben das nicht nötig. Sie machen sich immer grade.

Meine erste, ganz große Liebe mit 15 hieß Andreas und war eigentlich weder witzig noch charmant. Aber 19 Jahre, und in direkter Augenhöhe zu meinen 1,68 Metern. Da wir beide natürlich keine eigene Wohnung hatten, gingen wir zum Knutschen in unseren Keller, wo im Winter die Matratzen unserer Hollywoodschaukel verstaut waren. Wir legten sie auf den Boden, darauf ich, auf mir er, genauso groß wie ich, und ich erinnere mich noch heute an dieses tiefe Gefühl von Zufriedenheit – Mund auf Mund und seinen großen Onkel hatte er um meinen gehakt. Es war keine Luft mehr zwischen uns, und so soll es sein.

Ich frage mich, wie ein großer Mann und eine kleine Frau Liebe machen können. Welche ungemütli-

chen Verrenkungen notwendig sind, damit auch alles so paßt, wie der liebe Gott es sich vorgestellt hat, und nicht etwa im Bauchnabel landet. Oder in der Kniekehle. Und zu dünn dürfen richtige Männer auch nicht sein. Am liebsten wie Ritter-Sport-Schokolade – quadratisch, praktisch, gut.
Ich persönlich mag meine Männer in Augenhöhe. Ich will mir nicht den Kopf verbiegen, wenn ich mit ihnen rede oder über ihre Witze lache. Ich will Cheek-to-Cheek tanzen und mich nicht an ihrem Brustkorb reiben. Ich will gleichberechtigt sein. Körperlich und sowieso. »Nein, du willst deine Männer dominieren«, sagt meine Freundin, die selbst einen großen hat und Psychologin ist, »ein kleiner Mann gehorcht eher, weil er dankbar ist.« Wär's doch bloß so. Meiner ist weder gehorsam noch dankbar. Und wenn ich mit ihm ein Lokal betrete, dann kleben oft die Frauenblicke wie Schmeißfliegen auf ihm. Was er merkt und ihn noch undankbarer macht. Aber andere Frauen haben eben auch Geschmack.
Meine Tante, auch klein verehelicht, wurde einmal bei einer Feier von einer Unbekannten angesprochen. »Ist das Ihr Ältester?« fragte sie freundlich und zeigte auf den Rücken des gleichaltrigen Gatten. »Schön, so ein inniges Verhältnis von Mutter und Sohn. Meiner ruft nur einmal im Jahr an.« Meine Tante hat diese Story offensichtlich publik gemacht, was für ihr Selbstbewußtsein spricht. Denn das muß sie schon haben, die Frau eines klei-

nen Mannes. Wenn ER nicht gerade ein Onassis oder Picasso ist. Und womöglich nicht nur klein, sondern kleiner ist als sie.
»Wie?« fragte einmal ein Kollege seine groß gewachsene Kollegin, als sie ihm ihren neuen Freund vorstellte, der ihr auf Zehenspitzen zärtlich die Kinnspitze küssen konnte, und in seinem Kopf schien ein schräger Porno abzulaufen, »wie geht so was?« – »Wie sowas geht?« fragte sie zurück und lächelte verklärt, »einfach wunderschön«.
Da ein Mann unter 1,70 als minderwüchsig gilt und bei anderen Männern das Wort »klein« gleichbedeutend scheint mit »impotent« oder mit »schwerbehindert« – das heißt: ein kleiner Mann auf der männlichen Richterskala als Konkurrent gar nicht erscheint –, haben die meisten Kleinwüchsigen sowas wunderbar Trauriges, Inniges, ja geradezu Tiefes in den Augen. Ein Ausdruck, der in Männeraugen sonst eher selten zu finden ist.
Es ist die Tiefe von Menschen, die im Kino immer hinter großen Männern sitzen, die in jeder Menschenmenge untergehen, die in Klamottenläden von muffigen Verkäuferinnen in die Kinderabteilung geschickt werden, die jede Hose kürzen, jedes Paar Männerschuhe ausstopfen müssen. Kleiner Trost – selbst Al Pacino legt sich Gummihacken in die Stiefel. Dustin Hoffman auch.
Und diese Traurigkeit der Zu-kurz-Geratenen finde ich einfach sexy. Hab' mich lieb, ruft sie mir zu, nimm mich in den Arm! Und ich habe, und ich

nehme. Meine Männer sind deshalb bis auf eine einzige Ausnahme nicht größer als 1,70 gewesen. Aber auch nicht kleiner. Denn egal, ob ein Mann 1,60 ist oder 1,69 ½, er ist immer 1,70 Meter. Das ist die magische Grenze, die kein kleiner Mann jemals unterschreitet. Pardon, kein mittelgroßer Mann jemals unterschreitet.

Es gibt auch kleine Männer, die wie große Männer sind. Mein jetziger ist so einer. Auch nur 1,70 Meter, aber alle schätzen ihn größer. Sorry, länger. »Wärst du gern größer?« habe ich ihn in einem intimen Moment einmal gefragt. Eigentlich eine dumme Frage, denn jeder Mann wäre gern riesengroß und hätte das passende Genital dazu. Denkt das weibliche Vorurteil. Aber er schüttelt den Kopf. »Ich hab mich nie klein gefühlt«, sagt er, »außerdem bin ich Sitzriese. Im Sitzen wirke ich ja fast normal.«

Fast normal – ach, mein Süßer. Für mich bist du der Größte.

Evelyn Holst, *Jahrgang 1952, war dreizehn Jahre Reporterin beim »Stern«. Sie schreibt als freie Autorin Drehbücher und Bücher (u. a. »Ein Mann für gewisse Sekunden«, »Der Mann auf der Bettkante«, verfilmt, »Ein Mann aus Samt und Seide«; alle bei Droemer Knaur). Sie lebt mit zwei Kindern und Ehemann, dem Dokumentarfilmer Rainer Kusserow, in Hamburg.*

Marlies Prigge

Von Angsthasen, Flegeln und anderen Typen

Endlich konnten die Herren Abgeordneten mal so richtig die Sau rauslassen. Das Protokoll verzeichnet »Zurufe«, »fortgesetzte Zurufe«, »Unruhe bei der CSU« und immer wieder den Ruf zur Ordnung, die Glocke des Präsidenten. Für Stimmung im Bayerischen Landtag sorgte eine Frau. Eine Abgeordnete der Grünen sprach über die Benachteiligung und Unterdrückung von Frauen in unserer Gesellschaft – für die Männer im Saal die Chance, es ihr stellvertretend für alle »Emanzen« mal so richtig zu geben.

Sexueller Mißbrauch? Zuruf: »Da brauchen Sie keine Angst zu haben.« – Alle vier bis sieben Minuten eine Vergewaltigung? Das Protokoll verzeichnet: »Heiterkeit«. – Frauenverachtung? »Oberlehrerin«; »Sie sind ja auf einem Horrortrip«; »Eine schützenswerte Frau sind Sie«; »Wir hören gern zu, es ist ja ganz witzig.«

Mein erster Wunsch beim Lesen des Protokolls – jedem dieser Männer würde eine Frau mal so richtig in die Eier treten, damit sie merken, wie weh solche Schläge unter die Gürtellinie tun! Fassungslos bin ich: Warum sind Männer so unfähig, Entgleisungen ihres eigenen Geschlechts zu verurteilen? Warum machen sie es sich so leicht? Hinter all den Zurufen steckt die Schuldzuweisung an die Frauen: Ihr wollt es doch so.

Ich kann mir keinen Mann vorstellen, der eine solche Anklagerede in eigener Sache halten würde. Und ich merke, daß die Reaktionen viel damit zu tun haben, daß eine Frau diese Rede hält; daß sie es wagt, in aller Öffentlichkeit der dumpfen Männlichkeit einen Spiegel vorzuhalten. Der Landtagspräsident empfahl den Grünen auf ihre Beschwerde über diese Vorgänge, sie sollten sich »ladylike« benehmen, dann würden sich die Männer auch wie Gentlemen verhalten.

Wir haben uns die Quote erkämpft, stellen qualifizierte Politikerinnen, und die Männer denken noch immer, wir warten, daß einer von ihnen uns einen Stuhl besorgt, von dem aus wir dann wohl, in sicherer Entfernung von den männlichen Hauptdarstellern, das bunte Treiben auf der Politbühne verfolgen sollen. Vor zwanzig Jahren wurden Bundestagsabgeordnete mal gefragt, was sie von Frauen in der Politik halten. Ein CSU-Mann: »Ich habe etwas gegen die Partout-Frauen, die den Finger heben und sagen, wir Frauen – meine Frau ist mir lieb in den eigenen vier Wänden, aber nicht in Versammlungen.«

So offen würde das heute keiner der gewieften

Strategen mehr sagen, schließlich braucht Mann auch die Frauenstimmen. Bei Meinungsumfragen sagen immerhin nur noch ganze vier Prozent, daß sie etwas gegen die Emanzipation der Frauen haben. Doch wehe, wir halten uns beim Kampf um unsere Hälfte nicht an ihre Spielregeln, sind sogar so gemein, ihnen etwas wegzunehmen. Dann hätten sie uns gern wieder bescheiden und klein, die Herren der Schöpfung in ihrer Lieblingsrolle als Platzanweiser für die Wünsche der Frauen – bestenfalls am Fließband, am liebsten aber am Bügelbrett und immer voll unter Kontrolle.
Wir aber sind längst aufgebrochen, die Füße in den derben Girlie-Stiefeln mit den rutschfesten Sohlen, wollen uns die Welt erobern, steuern Spitzenjobs an, stellen unsere Forderungen nicht mehr verschämt, sondern laut in die Mikrophone. Die Frauen sind auf dem Vormarsch, und die Männer haben Angst. Ihre Aufgaben als Ernährer, Lautsprecher, Krisenlöser haben wir ihnen abgenommen, und jetzt fürchten sie sich davor, sich zu verändern, eine neue Identität für sich zu suchen. Um Macht, Verantwortung, Arbeit und Geld gerecht zwischen den Geschlechtern zu teilen, müßten sie verzichten – auf ungestörte Männerkreise und die ganze schöne Bequemlichkeit. Und das wollen sie nicht. Die »emotionale Verkrüppelung und Erwerbsfixiertheit«, so Peter Grottian, Professor für Politik und Verwaltungsforschung in Berlin, sei so groß, daß jeder Machtverlust angst mache und

nicht als Chance für neues Lebensglück verstanden werde.
Statt sich auf neue Wege einzulassen, werfen sich die Männer in die Schlacht gegen uns, die Angsterreger, und da ist jedes Mittel recht: Beleidigung, sexuelle Belästigung und immer wieder statt sachlicher Diskussion das Heraufbeschwören des alten Frauenbilds: »Passen Sie bloß auf, Sie sind nur eine Frau!«
Wehe der, die sich nicht beirren läßt. Irgendeine Bananenschale findet sich immer, die auch die stärkste Frau ins Rutschen bringt. So mußte Rita Süssmuth die dienstlichen Gründe für ihre Schweiz-Flüge akribisch belegen. Bei Männern wird Lust auf Luxus, Karriere, Reichtum als natürlicher Wesenszug akzeptiert und – falls zu doll getrieben – als Kavaliersdelikt abgetan. Frauen aber sind abqualifiziert als raffgieriges Weibsstück.
»Wir tun doch schon alles für euch«, das ist Methode Nummer eins, Frauen den Boden unter den Füßen wegzuziehen. Personalchefs sind Meister in der Anwendung dieser Methode. Der eigene Betrieb ist ja so frauenfreundlich, hat Frauenförderpläne, allerdings, weil »zu teuer«, keinen Betriebskindergarten.
Peinlich wird's, wenn Zahlen belegen sollen, wie weit denn Frauen bitteschön im Unternehmen gekommen sind. Da sieht es mager aus. Von Daimler-Benz bis Horten und Siemens: An der Spitze deutscher Großunternehmen dümpelt der Frauenanteil

noch immer bei mickrigen drei Prozent. Kein Wunder, daß der Chef einer großen deutschen Personalberatungsfirma blauäugig erklärt: »Für die Wirtschaft kann ich behaupten, da sind keine Ängste. Bei den guten starken Männern und guten starken Frauen gibt es keine Furcht.« Gute starke Frauen sind dort so wenig vorgesehen, daß auf vielen höheren Etagen nicht einmal eine Damentoilette eingeplant worden ist.

Frauen zu ihrem Besten vor den Anforderungen des bösen Arbeitslebens zu schützen, das ist Methode Nummer zwei – die altväterliche Tour, um sie aus dem Rennen zu werfen. Schichtdienst sei Frauen nicht zuzumuten, befanden die Chefärzte Bielefelder Kliniken, als sie auf Wunsch der Stadtverwaltung mehr Assistenzärztinnen einstellen sollten. Eine gute Mutter könne sich nicht bewerben, weil sich Schichtdienst und Kinder nicht vereinbaren ließen. Eine Frau, die sich zutraue, beides unter einen Hut zu bringen, müsse eine schlechte Mutter sein, und mit so einer wolle man nicht zusammenarbeiten. Und Frauen ohne Kind? Die würden eines Tages auch Mütter werden.

Es geht auch raffinierter. Methode Nummer drei ist das Lob. Begeistert wird die neue Frauenbeauftragte begrüßt: »Sie sind ja gar keine Schreckschraube. Mit Ihnen haben wir ja Glück gehabt. Sie sind ja eine ganz Aparte.« Prompt legt die Aparte die Ellenbogen an. Sie wird nicht nerven, sondern ganz die nette Kummerkastentante sein.

Immer schön den Daumen auf den Anforderungen halten und im Schiedsrichtertrikot über das Fairplay befinden, das ist eine weitere Methode, sich die Frauen vom Hals zu halten. Frauenförderpläne sehen bei gleicher Qualifikation die bevorzugte Einstellung von Frauen vor. Die gewieften Strategen stimmen zu. Erstens ist dann Ruhe an der Frauenfront; und zweitens, so Peter Grottian: »Männer beherrschen das Geschäft von verbaler Aufgeschlossenheit, symbolischem Ritual und tatsächlicher Folgenlosigkeit«. Wenn das Umsetzen der Pläne an die eigenen Pfründe rührt, fallen die selbsternannten »Herren der Schöpfung« klammheimlich um.

So ist an den Universitäten aller Förderung zum Trotz die Zahl der Professorinnen sogar gesunken, weil all die, die in den Nachkriegsjahren im Zeichen des Männermangels geholt wurden, nun ausscheiden. Bewerben sich ein Mann und eine Frau um den freigewordenen Posten, dann zeigt sich, wie dehnbar der Begriff »gleiche Qualifikation« ist. Beide schreiben, sie hätten sich in ihrem Fachbereich im langen Streit bewährt. Beim Mann wird daraus in der Bewertung »Konfliktbeständigkeit«; der Frau wird unterstellt, sie müsse ja »eine streitsüchtige kleine Ziege« sein.

Tricky sind sie, die Männer, das muß Frau ihnen lassen. Was haben sie uns schon für Inszenierungen geboten. Erinnert sei an den Macho, rollengerecht im Camel-Safarihemd oder im Porsche, Expander und Potenzstärkungsmittel in der Kulisse. Seine Botschaft an uns Frauen: »Herzchen, du brauchst doch nicht zu kämpfen. Du hast doch mich.« Oder der Softie – ganz sanft, ganz hingebungsvoll, und er streichelt nicht uns, sondern seinen selbstgestrickten Pullover. Unvergessen sein Flehen: »Frauen, warum wollt ihr denn kämpfen? Ich bin doch lieb.«

Manche Frauen haben sich von den Muskelspielen und Streicheleinheiten beeindrucken lassen. Und es gibt viele, die kneifen, weil sie ihren Kräften nicht trauen, die sich klein machen, um nicht aus der alten Rolle zu fallen.

Aber die Mutigen haben ihre Interessenvertretung nicht noch einmal abgegeben, sind weiter auf dem Weg nach vorn. Den Männern bleibt nur, sich endlich ihrer Angst zu stellen, die so alt ist wie das Menschengeschlecht, und die sie seit Jahrtausenden meisterhaft verdrängen.

Fragt man Männer, dann fürchten sie nur drei Dinge: daß einer in ihren Aktenkoffer guckt; daß sie für schwul gehalten werden; und daß ihr Schniedel zu klein ist. Vor Frauen hat Mann keine Angst, schließlich ist ihm von klein auf anerzogen worden, daß sie schwach sind und nicht zu verhauen, sondern mit Zärtlichkeit zu behandeln sind. Doch unter der Schminkschicht des kleinen Kavaliers decken die Psychologen männliche Urängste auf.

Für jeden Sohn ist die Mutter die erste Bezugsperson. Sie liebt ihn, nährt ihn, legt ihn trocken, lobt und straft. Er ist vollkommen von ihr abhängig und muß sich doch, anders als die Töchter, von ihr lösen, wenn er sich zum eigenständigen männlichen Wesen entwickeln will. Klammert die Mutter, läßt sie die Trennung nicht zu, wird er sein Leben lang Angst vor der Nähe zu Frauen haben, seine Gefühle verleugnen. Läßt die Mutter ihn allzu leichten Herzens gehen, ist sie kalt, ablehnend, wird der Sohn in ständiger Angst leben, daß seine Gefühle von Frauen nur ausgenützt werden. Ganz schlimm sind die dran, die von ihrer Mutter nicht lassen können, die sie begehren. Sie müssen auch noch mit dem Bild des rächenden Vaters fertig werden, der sie für ihre Lust kastrieren will.

»Der Mann fürchtet, vom Weibe geschwächt, mit dessen Weiblichkeit angesteckt zu werden und sich dann untüchtig zu zeigen«, schrieb Sigmund Freud. Schon den Steinzeitmännern machten Frauen angst mit ihrer Nähe zur Natur, mit ihren Blutungen, ihrer Fähigkeit, Leben zu gebären. Was für magische Kräfte müssen die Frauen haben, wenn sie es immer wieder schaffen, Männer zu verführen. Erst locken sie sie wie die Loreley, und dann stecken die Ärmsten in der Falle. Übrig bleibt der Mann, der voll unter dem Pantoffel steht.

Die Frau als unheimliche, vernichtende Versuchung: Das Bild prägt auch die männliche Sexualität. Die weibliche Fähigkeit, viele Orgasmen zu haben, macht Angst vor Versagen; die Vagina wurde lange Zeit als Höhle, als männerverschlingendes, zahnbestücktes Monstrum gesehen. Vor dem angstbesetzten Lustobjekt Frau haben sich die Männer in Bastionen geflüchtet, haben Regierungen, das Militär, die Kirchen, Universitäten, Unternehmen wie Festungen mit lauter frauenfreien Räumen um sich aufgebaut. Doch allen Tricks zum Trotz: Die Herrenclubs sind nicht mehr sicher.

Nun ist es so weit gekommen, daß »Capital« den Managern taktische Tips für das Verhandeln mit starken Frauen geben muß. Fallbeispiel: »Sie verabreden ein wichtiges Gespräch mit einem Kunden, den Sie kennen. Er sagt kurzfristig ab und kündigt statt seiner eine Ihnen noch unbekannte Mitarbeiterin an.« Warnung fürs weitere Vorgehen: »Frauen benutzen andere Gesprächswaffen. Bereiten Sie sich darauf vor, ein unerwartetes Kompliment zu bekommen über Ihre nette Krawatte, das geschmackvolle Büro und so weiter. Ein kurzes, unsicheres, geschmeicheltes Zögern, und Sie sind die Verhandlungsführung los.«

Früher wäre Er, verstört über diese »verkehrte« Welt, in der Frauen das Sagen wagen, heimgegangen und hätte sich wenigstens dort als Herr im Hause gefühlt. Heute hält die Verunsicherung noch in der privaten Kuschelecke an. Da wartet kein bescheidenes Muttchen, sondern eine weitere Frau, die Forderungen stellt an den »neuen« Mann. Der Kampf geht weiter, nun in Küche und Schlafzimmer.

Und wir Frauen? Entweder, wir spielen mit, geben

uns betont männlich oder machen uns klein und gehen liebevoll auf die verängstigten Männer ein. Wir können uns aber auch, wie die Abgeordnete der Grünen am Ende ihrer Rede, ganz einfach nicht beirren lassen: »Ich bin eine Frau, ja, und darauf bin ich stolz.«

Marlies Prigge, *geboren 1953 in Bremerhaven. Arbeitete nach dem Volkswirtschaftsstudium zunächst als wissenschaftliche Angestellte. Nach Besuch der Henri-Nannen-Schule 1983 STERN-Redakteurin im Ressort Erziehung und Gesellschaft, dann Korrespondentin in Ostberlin; heute freie Autorin, denn Beruf, Kinder, Haushalt und Hund ließen sich nicht unter einen Hut bringen. Wohnt mit Mann, zwei eigenen und drei Pflegekindern – 3 bis 16 Jahre alt – als »Lebensgemeinschaft« auf dem flachen Land bei Hamburg.*

Barbara Franck

Und jedesmal diese kleine Wut...

Fünf Frauen zwischen 40 und 50, alle berufstätig, drei geschieden und alleinlebend, zwei mit Mann und Kindern, reden über Männer. Barbara Franck hat das Gespräch aufgezeichnet.

Barbara: Ich glaube, daß sich in den letzten zwanzig Jahren in den Köpfen von Frauen unseres Alters viel geändert hat. Ist das bei Männern genauso?
Beate: Verändert haben sie sich auch, aber nicht in dem Maße, wie sich Frauen verändert haben.
Doris: Im Augenblick habe ich sowieso den Eindruck, daß die ganze Sache eher rückläufig ist. Wenn ich zum Beispiel die »Brigitte« aufschlage und sehe dieses Hochzeitsdossier »Ich will geheiratet werden«, dann frage ich mich, was eigentlich passiert. Das sind doch Rückschritte bis zum Gehtnicht mehr.
Ute: Ich habe ja viel Kontakt zu Studentinnen, die so 25, 30 sind. Die sind ganz anders drauf als wir. Für die ist Heiraten in Weiß wie Theater. Ich habe

mir dieses Ritual 1970 nicht erlauben können. Die erlauben sich das, haben aber trotzdem ein ganz anderes Verhältnis zu den Männern. Die sind selbstbewußt, lassen sich bedienen. Die Selbstverständlichkeit, mit der sie über alles, was Weiblichkeit ist, verfügen, aber auch männliche Seiten entwickeln – aggressiv sein können, kämpferisch, Karriere machen –, die finde ich toll, ich lerne ganz viel von denen. Die machen das ganz spielerisch.

Renate: Und was ist mit den Männern?

Beate: Die trotten hinterher.

Barbara: Die Männer der Generation, die ich meist kennenlerne, so um die 50 und älter, die hinken hinterher. Die können da einfach nicht nachkommen. Die sind verunsichert, die haben Angst. Angst ist ein Stichwort, das mir ganz oft begegnet. Nicht, daß die das zugeben oder aussprechen ... Die haben Angst vor dem, was ich verkörpere. Ich brauche sie nicht, denken sie. Natürlich brauche ich sie, aber auf eine Art, die sie gar nicht begreifen, da müßten sie erst einmal genauer hingucken. Ich brauche sie nicht praktisch, daß sie mich ernähren, daß sie mich unterhalten, daß sie die Wohnung finanzieren. Ich spüre häufig eine ziemlich große Verunsicherung oder eine Verknöcherung und denke: »Dazu habe ich keinen Bock. Da bin ich lieber allein.«

Beate: Das sind genau die Kategorien: Die Ängstlichen und die Verknöcherten. Dazwischen gibt es kaum etwas.

Barbara: Vielleicht wäre es mit Jüngeren einfacher ...
Beate: Nein.
Renate: Nee.
Ute: Daß man alleine einigermaßen gut leben kann – diese Erfahrung habe ich erst in den letzten fünf Jahren gemacht. Ich hatte vorher nie alleine gelebt. Und diese Erfahrung gibt einem so eine Stärke.
Barbara: Und das ist dann genau die Stärke, vor der die Männer Angst haben.
Ute: Man ist auch viel schneller dabei, sich zu sagen: »Das muß ich nicht haben.« Manchmal vielleicht zu schnell. Man ist viel schneller mit dem Nein-Sagen.
Barbara: Und viel langsamer mit dem Verlieben ...
Renate: Genau, dieses: »Ich werde erst einmal gucken.« So ein Instinkt, der ist wach, der ist da. Und trotzdem falle ich immer wieder auf sie rein.
Barbara: Ich möchte auch gar nicht, daß ich nicht mehr darauf reinfalle.
Renate: Nee, natürlich nicht. Aber ich frage mich in solchen Momenten: »Was ist an dem so Besonderes dran? Warum laufe ich da hinterher?«
Ute: Es sind natürlich auch die eigenen Gefühle, an denen man hängt.
Renate: Ja, und es ist auch spannend. Die riechen anders, die fühlen sich anders an. Und es wäre schön, wenn es da einen gäbe, der so ähnlich tickt wie ich, mir meinen Freiraum läßt ...

Barbara: Was ist für Euch das Wichtigste an einer Beziehung mit einem Mann? Was muß er unbedingt haben?
Renate: *(Lacht los)* Sag ich nicht.
Doris: Respekt und Achtung sind wichtig. Natürlich sind dieses Glücksgefühl und dieses Himmelhochjauchzen, diese Flöhe auf der Brust, nach fünfzehn Jahren Ehe nicht mehr so da wie früher. Trotzdem gibt es da so eine innigliche Zuwendung und Zuneigung – auf der Basis von Respekt und Achtung. Als meine Mutter so krank war, hat Uwe zum Beispiel immer an meiner Seite gestanden, egal, ob ich schlecht oder gut drauf war, ob ich geheult oder geschrien oder getobt habe. Er hat dagestanden wie eine Säule, und das hat mich ihm unheimlich nahegebracht.
Barbara: Es muß irgendwas an ihm geben, was ich toll finde, die Art, wie er aufs Leben guckt oder worüber er lachen kann oder was weiß ich.
Doris: Erotik und Sexualität sind wichtig, auch wenn das natürlich abgenommen hat. Man nimmt es einfach hin, daß es Momente gibt, wo es toll ist, und Phasen, wo es weniger toll ist, und macht sich keine Vorwürfe daraus.
Renate: Das ist für mich genau der springende Punkt. Ich hab das Gefühl, daß Männer solche Phasen nicht annehmen, sondern viel schneller resignieren, und dann wird häufig der Schritt in eine andere Richtung getan. Ich bin grad in der Rolle einer sogenannten Geliebten. Mir macht das nichts

aus, ich lebe im Moment nach dem Motto: »Ich nehme mit, was ich kriegen kann, wer weiß, wie lange noch.« Ich frage mich nur, was läuft da eigentlich ab, wenn er sagt: »Ich bin glücklich und zufrieden und liebe meine Frau.« Dann kriege ich sofort das Kotzen und frage: »Warum gehst du dann raus? Warum guckst du überhaupt nach anderen? Das ist hier ja nicht nur ein One-nightstand.« Aber wenn du fragst, kriegst du keine Antwort.

Ute: Bei mir war es bislang eigentlich immer so: Entweder haben die Männer mich gelangweilt, oder ich hab sie überfordert. Und bei dem Mann, den ich vor ein paar Wochen kennengelernt habe, habe ich zum erstenmal das Gefühl, daß ich alle Facetten von Weiblichkeit, wie ich sie verstehe – also kämpferisch und sinnlich sein, klein, groß, stark, schwach sein –, mit ihm leben kann. Ich kann auch meine ganzen lasziven Seiten ausleben, was ich bisher mit keinem Mann konnte. Und er riecht wahnsinnig gut – ich könnte mit dem auch wortlos ins Bett, das ist wirklich richtig animalisch. Auf der anderen Seite können wir streiten und uns intellektuell fetzen, auch politisch sind wir auf derselben Wellenlänge. Und er interessiert sich für meine Arbeit und respektiert sie. Bei mir geht die Leidenschaft auch über den Kopf.

Renate: Nur 'n schöner Body reicht nicht . . .

Barbara: Irgendwas muß mich an ihm faszinieren . . .

Ute: . . . auch anrühren. Und dieser Mann hat die gleichen Bilder im Kopf wie ich. Was er sich wünscht, wünsch ich mir auch. Ich hab das Gefühl, ich kann alles leben, was ich möchte. Ich mein, wir kennen uns acht Wochen – wovon red ich . . .
Renate: Ich glaub, wenn das mehr Männer mitkriegten – alles, was in deinem Kopf ist, ist möglich. Es gibt Frauen, die das auch wollen. Aber die kommen ja nicht rüber damit.
Barbara: Wann immer ich solche Fragen gestellt hab, waren die nur geschockt oder voller Panik.
Renate: Und besonders geschockt sind sie, wenn es auch noch die Ehefrau ist, die das machen will, was sie sich sonst draußen holen. Wenn sie kommt und sagt: »Schätzchen, ich hab da so Vorstellungen . . .« Damit kommen sie nicht klar.
Beate: Ja, da haben sie Angst.
Doris: Witzigerweise bin ich mittlerweile der aktivere Teil.
Ute: Wieso witzigerweise – find ich ganz plausibel.
Renate: Na ja, meist sagt doch der Mann, heut sind die Kerzen angezündet.
Doris: Ich bin diejenige, die das sozusagen einfordert, während das früher eher Uwe war.
Beate: Ich hab da echt ein Problem mit meiner Kraft. Ich hab gemerkt, im Urlaub bin ich sexuell sehr viel aktiver. Ich bin manchmal einfach froh, wenn ich die Augen zumachen kann oder Hans schon schläft – weil ich so kaputt bin, nicht, weil er mich nicht interessiert. Dieser Job frißt mich auf,

da kann ich abends nicht noch eine hinreißende Liebhaberin sein. Eigentlich kann ich nur am Wochenende, so blöd das klingt.
Doris: Alltagsmorgens hab ich auch keinen Bock drauf . . .
Renate: Och, wenn man noch halb schläft . . .
Beate: Und immer die Angst, daß die Kinder reinkommen . . . Einmal hat Paulinchen uns überrascht und gesagt: »Was macht ihr hier denn fürn Nervkram?« . . . Und wißt ihr, was mich auf die Palme bringt? Mein Job ist entschieden sicherer als der von Hans, und ich glaub auch, daß ich mehr arbeite als er. Aber wenn es darum geht, welcher Job ist wichtiger, dann ist es immer seiner. Wenn Not am Mann ist, muß immer ich die Termine verschieben. Er sagt, in seinem Job ginge das nicht, und bei meinem muß es gehen. Und das seh ich bei all meinen Kolleginnen ringsum. Es sind immer beide berufstätig, und es sind immer die Frauen, wenn es darum geht, daß die Kinder auf die Spur gebracht werden müssen.
Renate: Was mich rasend machen kann – daß Männer sich immer darüber definieren, was sie in der Außenwelt darstellen, wo sie entweder ein großer Fußballspieler oder Tennisspieler oder Chef oder Ingenieur sind: Das bin ich, dafür finde mich toll! Anfangs fand ich es ungeheuer spannend, was Ingo machte, wo er überall war, aber irgendwann ließ das nach, da kannte ich das alles. Und nach einem Jahr kriegte ich zu hören: Du in-

teressierst dich überhaupt nicht mehr für meinen Beruf. Da hab ich gesagt: Ich interessiere mich für dich als Person und nicht für deinen Scheiß-Beruf. Was machst du, wenn du morgen arbeitslos bist?

Ute: Ich muß nachvollziehen können, was sie an ihrer Arbeit fasziniert. Ich muß die Obsessionen, die jemand beruflich hat, nachvollziehen können.

Renate: Neulich Mittag war ich mit einem Freund zum Essen im »Rive«. Und da saßen sie alle mit ihren Handys und taten fürchterlich wichtig. Da hab ich vier Männer beobachtet, die offensichtlich ein Geschäftsessen hatten. Ich weiß nicht, was sie redeten, aber allein die Körperhaltung und wie sie miteinander umgingen, fand ich spannend. Die wirkten so steif, so zu.

Barbara: So phantasielos, nicht? Wie diese Typen morgens im ersten Flieger, diese Pinguine . . .

Beate: Wenn ich meinen Mann abhole in Fuhlsbüttel, dann bin ich froh, daß ich den hab und keinen anderen. Der unterscheidet sich irgendwie von den anderen. Die sind so in sich verstrickt . . .

Renate: So in Hab-Acht-Stellung – es könnte ihnen ja irgend jemand irgendwas wegnehmen. Ich frage mich immer, was man denen wegnehmen könnte. Und sie reden gar nicht richtig miteinander. Überhaupt reden Männer nie über ihre Beziehungen, höchstens mal, wenn sie das Glück haben, einen Busenfreund zu haben. Oder mit Exfrauen.

Beate: Ich weiß auch nicht warum, aber Männer müssen immer irgendwas verkörpern.

Renate: Und dadurch werden sie krank, kriegen sie einen Herzinfarkt, werden sie impotent. Mein Gott noch mal, wie kann man denen das bloß erklären?

Beate: Man muß ihnen helfen. *(Heftiges Gelächter)*

Renate: Einen hochzukriegen, oder was?

Beate: Nein, du mußt sie rausholen aus diesem furchtbaren . . .

Renate: Ich kann es nicht, ich schon gar nicht. So wie ich rede, fühlen die sich sofort bedroht.

Barbara: Also du kennst das auch, daß du Männern Angst machst?

Renate: Ja, seit ich alleine lebe, ist es noch extremer.

Doris: Zum Stichwort »Angst« fällt mir noch was ganz anderes ein. Mit 37 hab ich mir gesagt: »Alt genug bin ich. Kinder will ich nicht mehr. Jetzt möchte ich ein ausgeglichenes Sexualleben. Ich lasse mich sterilisieren.« Und damals hat es bei uns einen ganz großen Bruch gegeben. Uwe kam mich donnerstags besuchen, Freitag sollte ich entlassen werden. Er kam – das werde ich nie vergessen – mit einem Pfund Kirschen an und sagte: »Blumen lohnen ja nicht, du kommst doch morgen schon raus.« Ich war mehr mitgenommen, als ich erwartet hatte, und sagte: »Der Oberarzt hat mich gefragt, wieso du das eigentlich nicht hast machen lassen. Ich hab dem geantwortet: ›Wie die Irrationalität der Männer eben so ist. Die denken, ihnen wird was abgeschnitten.‹« Da hat Uwe mich angeguckt und gesagt: »Das wäre mir zu endgültig gewesen.« Und ich habe bloß noch gesagt: »Ich glaube, es ist besser, wenn du jetzt gehst.« Ich war so getroffen und verletzt von seiner Reaktion. Von da an hab ich mich ihm 'ne Zeitlang schlichtweg verweigert.

Barbara: Was sagt uns diese Reaktion über Männer?

Doris: Daß sie darüber, daß du zwanzig Jahre die Pille geschluckt und drei Abbrüche hinter dir hast, einfach nicht nachdenken. Die können nicht nachvollziehen, was da passiert.

Barbara: Können sie nicht, oder wollen sie nicht?

Renate: Das können sie nicht.

Beate: Ich habe so eine ähnliche Geschichte erlebt. Als Paulinchen auf die Welt kam – Hans' viertes Kind, aus seiner ersten Ehe hat er schon drei –, war es auch für ihn klar, daß es nun allmählich gut ist. Er wußte auch, wie es gemacht wird, hatte einen Arzt – und hat es bis heute nicht machen lassen. Irgendwann hat er mal gesagt: »Ich hab die irrationale Angst, daß da irgendwas schiefgehen könnte.« Ich nehme ihm das echt übel. Ich fände es entschieden besser, wenn ich nicht aufpassen müßte.

Barbara: Du sagst automatisch, daß *du* aufpassen mußt ...

Renate: Na klar, sie kriegt doch das Kind ...

Beate: Natürlich. Und jedesmal habe ich diese kleine Wut und denke: »Warum hat er es eigentlich nicht gemacht?«

Renate: Sie haben Angst. Sie haben die Angst, daß

ihre Potenz weg ist und daß sie keine Männer mehr sind. Das hat, wie ihr Jagdinstinkt, mit diesem Gefühl zu tun: Ich kann mich bis zum letzten Tag, bis ich sterbe, reproduzieren. Es ist so irrational – sie können es dir nicht erklären, sie haben einfach keine Ahnung. Sie finden es ja auch entwürdigend, zum Urologen zu gehen. Da nimmt dann vielleicht so'n junges Mädel ihren Dödel in die Hand, da schämen die sich in Grund und Boden. Das paßt nicht in ihr Bild. Ein Mann hat ein Mann zu sein, fertig, bis er 90 ist. Das ist immer noch genauso wie vor dreißig Jahren, da hat sich nichts geändert.

Beate: Ich glaube, da wird sich auch nichts ändern.

Renate: Manchmal frage ich mich, ob ich das überhaupt will.

Barbara: Daß sich was ändert? Frag ich mich manchmal auch. Ich merke, ich möchte um Gottes willen keinen Softie, nicht geschenkt.

Renate: Urgs.

Barbara: Ich möchte so ganz archaisch einen gestandenen Mann. Kann auch gerne ein bißchen macho sein. Wie weit er das sein darf, kann ich ja bestimmen, die Grenzen zieh ich.

Renate: Meiner müßte so sein: Süß, groß, lustig, humorvoll – sehr humorvoll. Auch in Krisensituationen so'n Anflug von Humor haben, vielleicht sogar ein bißchen Zynismus, bei dem ich dann über mich selber lachen kann. Umgekehrt müßte er auch über sich lachen können – was Männer sehr schlecht können. Zärtlich müßte er sein und animalisch – dabei nicht brutal, um Gottes willen. Nicht zu alt. Diskussionsfähig. So einer, der sagt: »Ja, Schätzchen, bleib mal sitzen. Soll ich den Abwasch machen? Soll ich kochen?«, der würde mich jedenfalls verrückt machen.

Beate: Seit meiner sich die Haare nicht mehr färbt, find ich ihn wieder richtig toll, zwischendurch mochte ich ihn nicht mehr angucken. Wenn das Badezimmer nach dieser Farbe roch, hab ich immer gedacht, ich flipp aus.

Doris: Männer mit Dauerwellen und so gefärbt sind auch nicht mein Ding, aber ich find es trotzdem gut, wenn sie ein Stück auf Äußerlichkeiten achten, wenn sie älter werden, und sich nicht so völlig gehen lassen.

Beate: So einen hätte ich auch nicht geheiratet, aber ich wollte auch keinen mit gefärbten Haaren.

Barbara: Ich finde, Riechen kann auch wahnsinnig wichtig sein. Ich hab mal einen Mann eigentlich nicht riechen können, aber versucht, darüber wegzufühlen – das geht nicht.

Doris: So starke Männerparfüms sind furchtbar.

Renate: Die kannst du ja wegduschen. Aber wenn einer nach was riecht, und du denkst, das kann ich nicht ertragen . . .

Beate: Der Arme kann doch auch nichts dafür, daß er riecht, wie er riecht.

Renate: Doch, dafür konnte er allerhand. Das war die ganze Philosophie, die hinter diesem Mann steckte, die roch . . .

Barbara: Ist Freundschaft mit Männern leichter als Liebe?
Renate: Ja, klar. Heute brauche ich bei meinem Exmann kein Blatt mehr vor den Mund zu nehmen. Heute schnodder ich einfach vor mich hin. Wenn es ihm nicht paßt – Pech gehabt. Er muß es schlucken, und er schluckt es komischerweise. Denn er muß ja nicht anschließend mit mir ins Bett und da irgendwas kitten. Was sie nämlich nicht können – dieses Ammenmärchen, daß Männer nach einem Streit am liebsten alles über Sex regeln! Also, so einen habe ich noch nicht erlebt.
Ute: Ich schon. Bei Ulrich war das auch so – komm, laß uns in den Arm nehmen. Der konnte sich überhaupt nicht auseinandersetzen, da wurde alles unter den Teppich gekehrt, was schwierig war. Und ich konnte das natürlich nicht.
Barbara: Schwule Männer und Ex-Lover – das sind die Männer, mit denen ich am innigsten befreundet bin. Mit einem schwulen Freund hab ich mal 'ne Radtour gemacht, und da hat er vorher gesagt: »Einer von uns sollte Kondome mitnehmen – es könnte uns ja ein toller Mann begegnen . . .«
Doris: Es ist schon verrückt – wenn die Erotik keine Rolle mehr spielt . . .
Ute: . . . was dann möglich ist.
Barbara: Wenn dieses Besitzen- und Habenwollen nicht mehr da ist.
Renate: Aber das ist doch auch das, was es spannend macht.

Barbara: Liebe ohne Sex – ist euch das schon mal untergekommen?
Renate: Würde mir niemals unterkommen.
Beate: Nur in Zeitungsartikeln.
Barbara: So eine Verweigerungshaltung von Männern als Machtmittel?
Doris: Kenn ich eher von Frauen.
Barbara: Ute, dein Sohn ist jetzt 25 – ist der nun anders als die Männer, über die wir hier so gesprochen haben?
Ute: Seine Freundin, mit der er seit beinah zehn Jahren zusammen ist, sagt, er sei der emanzipierteste Mann, den sie kennt. Die ist eine sehr selbstbewußte und emanzipierte Person. Ich bin richtig froh, daß er sich nicht so ein Püppchen gesucht hat. Aber neulich bin ich ganz schön ins Rotieren gekommen: Die beiden hatten drüber nachgedacht, ein Kind zu kriegen, obwohl sie noch studieren, und zwar unter etwas chaotischen Wohnbedingungen. Und da hat sie gesagt, das geht überhaupt nicht, wenn du das Kind nicht halb übernimmst. Hat er auch akzeptiert. Sie kriegen jetzt kein Kind, aber ich hab damals gedacht: Mein Gott, dieser begabte Sohn, der hat so viele Pläne und macht alles so glänzend, und nun soll er Babysitten mit 'ner Halbtagsstelle ohne Karriere-Perspektive . . . *(der Rest geht in Gelächter unter).*

Barbara Franck, *geboren 1944 in Neumünster, hat als Redakteurin bei großen Zeitschriften gearbeitet und zehn Jahre lang als freie Autorin. In dieser Zeit entstanden ihre Bücher »Ich schau in den Spiegel und sehe meine Mutter«, »Mütter und Söhne« und »Trotzdem leben« (alle bei Hoffmann und Campe) sowie »Der Un-Geliebte« (Rasch und Röhring). Seit 1994 ist Barbara Franck Stellvertretende Chefredakteurin der Zeitschrift »Architektur & Wohnen« in Hamburg.*

Hannelore Krollpfeiffer

Diese tollen alten Männer

Eine Zeitungsmeldung: Ehemann erschlägt den Liebhaber seiner Ehefrau, den er mit ihr auf frischer Tat im Ehebett ertappt hat. Na und? fragt sich die abgebrühte Leserin, so was passiert doch öfter in unserer gewalttätigen Zeit. Leider wahr, und es wäre über den traurigen Vorfall weiter kein Wort zu verlieren, würde das Alter der Beteiligten nicht bei der Meldung angegeben. Der Ehemann ist 39, die ungetreue Ehefrau 34, der Liebhaber 74. Vierundsiebzig, kein Druckfehler! Nein, nicht etwa umgekehrt, der Ehemann 74, der Liebhaber 39. Also kein Fall, bei dem sich die Leute denken: Na klar, was konnte ihr der Alte auch noch bieten! Vermutlich hat sie ihn nur geheiratet, weil er reichlich Kohle hatte. Nichts dergleichen. Die 34jährige muß dem Charme und den Verführungskünsten des rüstigen Herrn erlegen sein. Ein Jammer, daß der alte Schwerenöter das Abenteuer mit dem Leben bezahlen mußte. Aber ist es nicht trotzdem ein besserer Tod als langsames Dahinsiechen in der Pflegestation eines Altenheims?

Natürlich, mit 74 ist Mann noch nicht reif für die Seniorenresidenz. Mit 74 ist Mann noch Manns genug für alle möglichen Anforderungen des Lebens, in Wirtschaft, Wissenschaft, Kultur, Politik. Besonders in letzterer gibt es für alte Männer anscheinend überhaupt keine Grenze, wie das Beispiel des amerikanischen Senators Strom Thurmond zeigt. Der beklagte sich darüber, daß die Presse offenbar nur das Thema Alter kenne: Der 93jährige war kritisiert worden, weil er sein Amt nochmals für sechs Jahre antreten wollte.

Gar nicht zu reden von der Liebe (Anthony Quinn wurde noch mit 81 Vater, die Kindsmutter war 32). Aber reden wir doch ruhig davon: Ich weiß, ich weiß, Verallgemeinerungen sind immer fehl am Platze; selbstverständlich kennen wir alle ziemlich unflotte Mittsechziger und vor sich hin lahmende Siebziger, die keine 34jährige Ehefrauen mehr ins Lotterbett kriegen würden, selbst wenn sie es darauf anlegten (was sie tunlichst unterlassen). Doch die Zahl der alten Charmebolzen wächst, ebenso wie die Zahl derer, die sich unter das verjüngende Messer eines Schönheitschirurgen begeben, und wahrscheinlich hängt das eine mit dem anderen zusammen. Wer in unserer Zeit der Jungen und Dynamischen möglichst bis zum Hinscheiden mitspielen möchte, hat dafür seinen Preis zu bezahlen (und Schönheitschirurgen sind nicht billig). Wer nicht mehr gar so jung und dynamisch ist, muß sich also wenigstens bemühen, noch immer richtig toll

zu sein. So, daß alle, auf die es ankommt, bewundernd feststellen: Das ist wirklich ein richtig toller Mann, trotz seiner 70 (oder mehr)!
Nun gibt es allerdings ganz unterschiedliche Sorten toller alter Männer (wie es ja auch unterschiedliche tolle alte Frauen gibt, aber von ihnen ist hier – noch – nicht die Rede). Schauen wir zunächst einmal staunend auf die, welche sich in eiserner Disziplin üben. Sie joggen, sie gehen regelmäßig Schwimmen, schwitzen in der Sauna, spielen Tennis oder Golf und achten auf ihr Gewicht. Wenn es sein muß, halten sie sogar Diät, aber soweit lassen sie es meistens gar nicht kommen. Zwar läßt sich das Prinzip »Gesunde Kost, kein Alkohol« für Männer in gehobenen Positionen nicht immer durchhalten, doch wer will, findet trotzdem noch genügend Gelegenheit für einen Ausgleich. Der tolle alte Mann dieser diszipliniert-sportlichen Sorte nutzt seinen Urlaub für Bergwanderungen oder läßt sich viel frischen Seewind um die Nase wehen. Selbstverständlich schreckt ihn weder kaltes noch nasses Wetter von seinen Vorhaben ab. Er ist Nichtraucher und immer noch begeisterter Tänzer. Was das betrifft, kann er überhaupt nicht begreifen, daß so viele junge Geschlechtsgenossen auf Parties schlapp herumhängen und von den Mädels regelrecht zum Tanzen gezwungen werden müssen. Den tollen alten Mann muß keine zwingen. Ganz Kavalier alter Schule (in diesem Zusammenhang erwähnt er gern seinen Jahrgang), weiß

er, was sich gehört, wenn die Band zu spielen beginnt. Er weiß auch zwischen den jüngeren und ganz jungen Damen zu unterscheiden, hält die einen gesittet im Arm, wie es die Tanzstunde lehrte, jagt die anderen schwungvoll übers Parkett oder beläßt es bei taktvollem Abstand. Er kennt sich in den Standardtänzen so gut aus wie in den ultramodernen, von denen er behauptet, sie machten ihm besonderen Spaß. Nur von Rave und Techno hält er nichts.

Kokettiert der tolle alte Mann dieses Typs mit seiner immer noch jugendlichen Frische und Sportlichkeit, so verläßt sich eine andere Spezies auf die Wirksamkeit des genau entgegengesetzten Programms. Er haßt Sport und teilt das jedem mit, der es wissen oder nicht wissen will. Er hätte auf dringendes Anraten seiner Ärzte längst mit dem Rauchen aufhören müssen, aber: »Das ist schon die dritte Schachtel heute, und, siehst du, ich lebe noch immer.« Spaziergänge oder gar Wanderungen sind für ihn Aktionen, bei denen man sich höchstens den Fuß verstaucht. In öffentlichen Schwimmbädern holt man sich ekelhafte Infektionen, Golf ist etwas für Snobs, Tennis langweilt ihn, Sauna findet er unerotisch (»Diese häßlichen nackten Leute, furchtbar!«). Er hat kein Fahrrad, sondern nur ein Auto, das er fleißig benutzt. Er ißt alles gern und reichlich, was den Cholesterinspiegel ansteigen läßt und auch sonst als ungesund gilt. Natürlich braucht er am frühen Abend seinen Drink, später seinen Wein und vorm Schlafengehen einen Nightcup. Er geht zwar auf Parties, lehnt es aber strikt ab, zu tanzen. Urlaub macht er irgendwo, wo er faul am Strand liegen und sich rösten lassen kann, selbstverständlich in einer Gegend, die ihm ständige Sonne garantiert. Der tolle alte Mann der gesundheitsfeindlichen Sorte ist nicht fett, obwohl er zu leichtem bis mittelschwerem Übergewicht neigt. Er ist keineswegs ungepflegt und verschmäht weder Duftwässer noch gute Seife; gegen die Falten in seinem Gesicht unternimmt er freilich nichts, eine Kosmetikerin darf sich höchstens mit seinen Finger- und Fußnägeln beschäftigen. Seine Haare sind etwas länger als üblich. Falls er keine mehr hat, zeigt er Glatze und nicht etwa ein Toupet. Vielleicht trägt er auch eine Art Künstlermähne, echt grau oder weiß, Färbungen verabscheut er. Ein Bart kommt seltener bei ihm vor, wenn überhaupt, dann gleich ein Vollbart; der gepflegte Schnauzer, den der tolle alte Mann der sportlichen Art schon mal vorführt, ist ihm zu mühsam. Alles an dem Antisportlichen scheint lässig, einschließlich seiner Kleidung, die zwar teuer, aber schon ein bißchen abgetragen aussieht. Gerade das aber verleiht ihm besonderen Charme – es paßt eben zu seiner höchst laxen Lebenseinstellung, über die er ebenso ehrlich wie witzig und geistreich zu plaudern weiß. Darin eben liegt seine Raffinesse, er verschweigt kein einziges seiner zahlreichen Laster, brüstet sich geradezu mit Unterlassungs- und

Übertretungssünden und weist, wo immer möglich, kokett darauf hin, daß er es trotzdem geschafft hat, so alt zu werden. Er weiß genau, wann und wo er dieses Alter ins Spiel bringen muß. Wann es angebracht ist, seiner jungen Freundin (und tolle alte Männer seiner Art haben da keinen Mangel) ein bißchen Müdigkeit, ein kleines Unwohlsein vorzutäuschen. Obwohl sie ihn ziemlich genau kennt, wird sie gleich echte Besorgnis zeigen: Nein, er muß sie nicht ins Konzert begleiten; nein, sie kann gut mit ihrem eigenen Wagen zum Flughafen fahren, um ihre Mutter abzuholen; nein, sie ist ihm überhaupt nicht böse, wenn er sich jetzt ein Stündchen hinlegt. Manchmal greift sich dieser tolle alte Mann auch unvermittelt ans Herz und schnauft ein wenig beängstigend, gerade soviel, daß seine junge Freundin ein bißchen, nur ein bißchen, erschrickt und ihm das vorschlägt, was er sich heimlich am meisten wünscht: zum Beispiel eine langweilige Party zu verlassen, oder, in der Pause, ein ödes Sinfoniekonzert (und zu Hause geht es ihm sofort viel besser, so daß er sich im TV-Nachtprogramm noch einen Film ansehen kann, den er sonst verpaßt hätte).

Der tolle alte Mann dieses Typs kann, muß aber nicht, Künstler sein, vielleicht Schriftsteller, freier Journalist, Maler, Fotograf, Schauspieler, Musiker. Das Tolle an ihm ist seine Fähigkeit, durch Übertreibung sein Alter zu überspielen. Jüngere würden es kaum wagen, sich mit einem Leben, wie er es angeblich führt, auch noch zu brüsten. Ich sage ausdrücklich: angeblich führt! Denn die Wahrheit ist tatsächlich halb so schlimm; wäre es anders, wäre er entweder schwerkrank oder tot, aber er ist noch erstaunlich gesund und lebendig. Wie gesund, weiß allerdings niemand genau, auch nicht die junge Freundin, die schon gar nicht. Da ein Typ wie er zu Überraschungen neigt, kann es durchaus passieren, daß er eines Tages wahrhaftig ganz unvermutet von einem plötzlichen Tod ereilt wird. Aber bis dahin geht es ihm beneidenswert gut.

Verständlich, daß zwischen den beiden Grundtypen toller alter Männer – es gibt natürlich vielerlei Mischformen und Überschneidungen – wenig Sympathie herrscht. Die eine Kategorie hält die andere für affig, manieriert, unglaubwürdig bis verlogen, verkrampft. Sie gehen einander aus dem Weg, so gut sie können, aber sie können nicht immer. Begegnen sie sich und sind gar zu einem Gespräch gezwungen, geizen sie nicht mit Spitzen: »Na, hast du dich beim letzten Trekking in Nepal gut erholt? Siehst ein bißchen angegriffen aus.« – »Ach, wir waren dieses Jahr nur an der Ostsee, Claudia wollte endlich mal wieder surfen, wir waren jeden Tag auf dem Wasser, wundervoll, aber saukalt.« – »Ach, ja? Daher deine Heiserkeit, hab dich vorhin husten gehört, klang gar nicht gut.« – »Und du? Was macht das Rheuma? Kommt mir so vor, du humpelst stärker.« – »Ach, das! Da hat mich gestern so ein radfahrender Idiot angerempelt, so ein Gesundheitsapostel, kam wohl gerade vom Biobauern und hatte noch Tomaten auf der Brille.« Klar, daß sein Gesprächspartner ein leidenschaftlicher Radler ist.

Nur in seltenen Glücksfällen stimmt die Chemie zwischen tollen alten Männern. Wie im Fall von Schriftsteller Ernst Jünger und Wissenschaftler Albert Hofmann, Schweizer und Erfinder des LSD. Vor einiger Zeit – die beiden Herren befanden sich bereits im methusalemischen Alter – zeigte das Fernsehen sie in einem Gespräch, bei dem sie locker über ihre Erfahrungen mit Drogen plauderten. Jünger sagte etwa: »Dein LSD ist im Vergleich zum Tiger Meskalin ja nur eine zahme Hauskatze!« Und Hofmann widersprach in schönsten Schwyzerdütsch: »Aber da hast du nur nicht die richtige Dosierung genommen!«

Meist aber stimmt im Falle tolle alte Männer auch die Regel nicht, nach der sich gleich zu gleich gern gesellt. Zwei von derselben Sorte auf einer Party, das ist wie zwei Hähne auf dem Hühnerhof. Das Krähen und Flügelschlagen nimmt kein Ende. Bei den Disziplinierten ist einer immer gesünder als der andere. Jeder Rekord wird sofort überboten. Mein Gott, so fit kann doch keiner sein, schon gar nicht von siebzig Jahren aufwärts! Die Anwesenheit von Damen verbietet den Herren leider, auch noch ihre sensationellen Erfolge auf dem Gebiet des Sex in Einzelheiten kundzutun – wenn der Abend allerdings schon sehr weit fortgeschritten

ist, schrecken sie auch davor nicht zurück. Und alle, die ihnen lauschen, lächeln milde. Sind sie nicht toll, diese flotten alten Männer?
Müssen sie ja wohl, wie sonst könnte es ihnen immer wieder gelingen, die Herzen junger Frauen zu erobern – und nicht nur die Herzen. Die 34jährige aus der traurigen Zeitungsmeldung ist ja keine Ausnahme. Vielleicht liegt es wirklich daran, daß die tollen alten Männer in ihrer Jugend noch von Müttern und Vätern erzogen wurden, die Höflichkeit und Rücksichtnahme gegenüber Frauen nicht für bloße Zeitverschwendung hielten. Vielleicht liegt es daran, daß sie einer Generation angehören, die mit dem Begriff Galanterie noch etwas anfangen kann und für die dieses Fremdwort eben kein Fremdwort ist.
Vielleicht liegt es daran, daß es immer noch oder schon wieder junge Frauen gibt, die es nett finden, wenn ein Mann ihnen in den Mantel hilft, aufsteht, um sie zu begrüßen, aussteigt, um ihnen aus dem Auto zu helfen, ihnen die Tür aufhält und den Koffer trägt. Vielleicht liegt es daran, daß die jungen Stiesel, die da glauben, einer emanzipierten Frau brauche Mann doch im Bus keinen Sitzplatz anzubieten, langsam aus der Mode kommen.
Nur: Auch die tollen alten Männer haben ja nicht das ewige Leben. Es wäre also wünschenswert, daß die Jüngeren allmählich anfangen, an sich zu arbeiten. Es wird wahrscheinlich etwas länger dauern, bis sie geschnallt haben, daß Gleichberechtigung

und Höflichkeit miteinander vereinbar sind. Mütter, Schwestern und besonders Freundinnen sollten sie in diesem Bemühen unterstützen. Die Jungens sind ja gar nicht so unfähig, wie sie tun, und haben manches gelernt, was wiederum die tollen alten Männer nicht können: Kochen, den Haushalt und das Baby versorgen. Bloß, das Technische allein genügt nicht; um eine Frau glücklich zu machen, bedarf es mehr als nur eines fleißigen Hausmannes. Hoffen wir, daß aus den phantasielosen jungen Tölpeln doch noch tolle alte Männer werden. Und das nicht nur im Interesse der Frauen, sondern auch in ihrem eigenen.
Zuletzt sei nicht vergessen, daß zu dem auf diese oder jene Weise tollen alten Mann manchmal auch eine alte Frau gehört. Ja, eine a l t e, das heißt, eine, die den Jahren nach zu ihm paßt. Während er sich vor einer ganzen Gesellschaft in Szene setzt, bleibt sie im Hintergrund, verliert ihn dabei nicht aus den Augen, bereit, jederzeit einzugreifen, falls das notwendig werden sollte. Sie kennt ihn besser und vor allem länger als seine Zuschauer(innen). Manchmal hat sie Blickkontakt mit ihm. Ihr überlegenes, aber liebevolles Lächeln verrät dann, daß sie ihn durchschaut, und sein entschuldigendes Lächeln, daß er das fühlt. Sie weiß Bescheid über alle seine Tricks, aber sie verrät es keinem und keiner. Sie spielt einfach auf ihre Weise mit, denn sie gehört zu diesen tollen alten Frauen, über die leider viel zuwenig geredet wird, weil sie unauffälliger als die

tollen alten Männer sind, unauffälliger auch als ihre prominenten Altersgenossinnen, von Hildegard Hamm-Brücher bis zu Lotti Huber und Inge Meysel. Schade. Denn die alte Frau neben dem tollen alten Mann ist die eigentliche Heldin und Hauptperson in seiner Lebensgeschichte. Wenn er klug ist, weiß er das sogar.

Hannelore Krollpfeiffer, *1924 in Berlin geboren, war über dreißig Jahre Stellvertretende Chefredakteurin der Frauenzeitschrift »Brigitte«. Sie hat Romane und Jugendbücher veröffentlicht und arbeitet heute als freie Journalistin und Buchautorin (u. a. »Telefonspiele«/ Fischer, »Alleinsein lernen«, »Damals in Berlin«/ Knaur) in Hamburg und in den USA.*

Sabine Csampai

So richtig wichtig
Sechs Realsatiren über Politiker

Politiker sind inkompetent, korrupt, faul, mediengeil, das einzige Können besteht in endlosen Reden ohne jeden Inhalt. Dieses vernichtende Urteil bei Meinungsumfragen rückt sie an das Ende der Beliebtheitsskala aller Berufe. Trotzdem gibt es scheinbar kaum eine andere Betätigung für Männer, die derart begehrt wird; außer vielleicht Chefarzt, doch dafür muß ein langes Studium durchgebüffelt, klaglos in der Krankenhaushierarchie gedient werden. Dagegen ist das politische Geschäft wesentlich günstiger. Hier kann Mann ohne besondere Fähigkeiten, ohne jahrelange Ausbildung ganz er selbst bleiben, aus dem unerschöpflichen Fundus eigener Erkenntnisse über die Welt und das Leben schöpfen und auf die vom lieben Gott zweckmäßig breit gebauten Schultern beliebig viel Verantwortung laden. Das macht er einfach gerne; denn im Grund ist er ein guter Kerl, der nur öffentliche Aufmerksamkeit braucht, damit auch jeder diese erfreuliche Tatsache bemerkt. Obwohl es eine Unmenge Mandate und Ämter auf allen Ebenen gibt, für jede intellektuelle Kapazität und für jegliche politische Geschmacksrichtung, sind sie heiß umkämpft: Die Nachfrage übersteigt bei weitem das Angebot. Zuerst müssen diesbezügliche Bestrebungen weiblicher Aspirantinnen klein gehalten werden, um dann Mann gegen Mann auszufechten, wer der Glückliche sein darf, die Geschicke des Ortsvereins oder des Landes zu lenken. Einmal drin im politischen Geschäft, verändert sich das Leben in seltsamer Weise, die eigene natürliche Bedeutung, die sexuelle Attraktivität und die Wucht der Gedanken, bisher verborgen in einem langweiligen Büro, erschließen sich nun der Menschheit. Politik – die eigentliche Erfüllung für viele Männer, zum Beispiel dem:

Hüter der Wahrheit.* Schon als Kind eher introvertiert, las er selbst bei schönstem Sonnenschein lieber dicke Wälzer statt mit Nachbarbuben Fußball zu spielen. Eine schlimme Jugendakne hielt ihn von den Mädchen fern, einsam und schüchtern träumte er davon, eines Morgens als strahlender Prinz zu erwachen, dem die Welt zu Füßen liegt. Dessen Äußeres endlich seiner inneren, nur ihm bisher bekannten Größe entspricht und die Mißachtung seiner Umwelt in den ersten traurigen Lebensjahren wieder gutmacht. Da diese Metamor-

* Alle Typen sind frei erfunden; Ähnlichkeiten zufällig, aber nicht ausgeschlossen.

phose leider ausblieb, er aber in den vielen zurückgezogenen Stunden die Wurzel seines Problems mittels Studium extremer Literatur aufgespürt hatte, drängte es ihn, Gerechtigkeit herzustellen für mögliche Leidensgenossen, vor allem für sich selbst. Es war ziemlich gleichgültig, ob er in katholischem Fundamentalismus, rigidem Protestantismus, Marxismus/Leninismus oder ähnlichem sein Heil gefunden hatte, Hauptsache, die Lehre endete auf -mus und war in ihrer reinen Form nur einer Minderheit zugänglich.
Nachdem die passende Gruppe gefunden oder gegründet worden war, blühte er endlich auf. Keine Sitzung wurde ihm je zu lang, keine Textauslegung zu nebensächlich, Statuten, Satzungen, Geschäftsordnungen waren sein wahres Element. Denn ohne zweifelsfreie Festlegung auf Ziel und Weg erschienen ihm seine Glaubensbrüder und -schwestern als zu wenig gefestigt, um in absehbarer Zeit die Welt zum Besseren kehren zu können. Lockere Gespräche, kindische Albernheiten während der Arbeit in der Gruppe verunsicherten den jungen Mann. Mit säuerlichem Gesichtsausdruck und ein paar gezielten Wissensfragen stellte er Unernsthaftigkeit ab, notorische Störer kamen von allein bald nicht mehr. So kalt sein Intellekt auf andere auch wirkte, sein Herzklopfen und die Neigung zu roten Flecken im Gesicht und auf dem Hals trotzten hartnäckig dem Aufstieg zum Guru. Schier schwindelig wurde ihm angesichts weiblicher Mitglieder,

die eine Interpretation einer heiklen Textstelle noch nicht ganz verstanden hatten und ihn um ein persönliches Gespräch baten. Bei einer Tasse Früchtetee erklärte er gern und ausführlich seine Sicht, denn die Anerkennung der zwei, drei Mädchen der sonst weitgehend männlichen Gruppe bedeutete ihm mehr, als er sich eingestehen konnte.

Zu seinen Eltern, die seinen Rigorismus nicht verstanden und sich endlich einen berufstätigen Sohn wünschten, bestand längst keine Beziehung mehr. Harmloses familiäres Geplapper verachtete er. Die selbstgewählte Isolation störte ihn nie wirklich. Trotzdem hatte er nach reiflichen Überlegungen und der üblichen Ernüchterung – resultierend aus jahrelangem Taxifahren, um die Druckkosten der Flugblätter zu finanzieren – beschlossen, über seinen Schatten zu springen und sich einer Partei anzuschließen. Er wußte, welche Kompromisse inhaltlicher Art nun seinen Intellekt martern werden, aber er war klug genug für den »Weg durch die Institutionen«. In seiner neuen Heimat fand er auch sofort ein paar Anhänger, denen der Apparat längst zu lasch, die Ziele zu ausgeleiert waren. Schneller, als er es sich träumte, avancierte er zum Gegenkandidaten in internen Wahlen, den Altvorderen zum Schrecken.

Das beste Mittel, aufmüpfigen Emporkömmlingen den politischen Giftzahn zu ziehen, besteht darin, sie durch Ämter zu absorbieren. Also öffnete der

Rachen des Opportunismus sich schneller als erwartet. In einer internen Runde beim Bier, dem er noch mit Mineralwasser widerstand, wurde ihm mit bedeutungsschwangerer Geheimnistuerei ein Stadtratsmandat angeboten. Welche Ehre, welche Verantwortung! Tausend Furien hetzten ihn die nächsten Nächte. Endlich wichtig, ernstgenommen! Endlich Muttis und Vatis ganzer Stolz sein, auch wenn sie nur Bahnhof verstanden! Renate, die erste und einzige Frau in seinem Leben – allerdings zunächst nur ganz kurz, weil's im Bett nicht so recht klappte –, wird seinen Nachfolger, einen soliden, potenten Bankkaufmann, nun noch frustrierter annörgeln. Dieser Genugtuung und der erfreulichen Tatsache eines ersten regelmäßigen Einkommens standen aber viele Bedenken entgegen. Würde er seine moralische Reinheit erhalten, würde er seine spartanische Lebensführung, die ihm bislang so gut bekam, trotz Anfechtungen durch Lachshäppchen durchziehen können? Vor allem, wie werden die anderen reagieren, wenn er auf seinen Prinzipien bestehen mußte? Seine Gruppe, inzwischen auf vier, fünf Mann geschrumpft, diskutierte Durchsetzungsstrategien für ihn, beschloß, als Unterstützerkreis seine inhaltliche Integrität zu begleiten, nötigenfalls zu überwachen. Wesentliche Entscheidungen wird sie für ihn fällen. Das unerlaubte imperative Mandat galt; bei Abweichung war Selbstkritik oder Rücktritt selbstverständlich. Dermaßen gestärkt, trat er

in alter Schlabberhose und Pullover, gestrickt von Renate, zur Vereidigung an.
Nach wenigen Wochen mochte ihn in der Fraktion noch immer keiner. Selbst die neuen Kolleginnen, sonst von hohem sozialen Anspruch zum Verständnis, wenigstens zum Ausgleich gedrängt, schüttelten den Kopf angesichts seiner Bockigkeit, wenn nicht Unfähigkeit in die Einsicht bekannter Notwendigkeiten des Alltags. Seine einzige Stütze, die Gruppe, zerstritt sich nach kurzer Zeit über einen längst beschlossenen Antrag, welcher die Einbahnregelung im Karwendelweg betraf. Förderte sie nun den Autoverkehr durch schnellere Durchlässigkeit und damit die dringend nötigen Arbeitsplätze, oder begünstigte sie Raser, die Kinder umfahren und den Anwohnern mit Krebs das absehbare Ende bringen? Alleingelassen mit derartig unlösbaren Fragen, von unbekannten Gefühlsstürmen angesichts einer aufgetakelten, oberflächlichen Kollegin mit betörenden Grübchen hin- und hergeworfen, war er dankbar für den Respekt, ja fast Ehrfurcht, die seine Eltern ihm nun zeigten. Selbst wenn Verwandte dazugeladen wurden, nahm ihm niemand das letzte Wort. Ganz im Gegenteil, alle waren interessiert, wie er die Entwicklung der Wirtschaft, der Arbeitslosigkeit einschätzte. Als an einem dieser familiären Nachmittagskaffees wie zufällig Renate aufkreuzte und hingebungsvoll seinen Ausführungen lauschte, überkam ihn eine sehr ernste, tiefe Freude, die viele Amts-

perioden halten würde, in Anbetracht der schweren Verantwortung für die Gesellschaft, aber auch für seine künftige kleine Familie mit der reumütig zurückgekehrten Renate.

Der nützliche Idiot. Eigentlich war im Leben des Versicherungsvertreters alles klar, noch bevor es richtig begonnen hatte: Früh verheiratet, sie war einfach das schärfste Mädchen im Sportverein, schnell die ersten zwei Kinder gezeugt, das erste ein Bub – Gott sei dank, bei allem Wohlwollen –, dann das süße Mädchen. Beim Faschingsfest im Kleingartenverein, dem die Familie wie auch seine Eltern natürlich angehörten, ging die Post ab. Seine Frau, ein bißchen rundlich nach den Geburten, sah bezaubernd aus als Carmen, was alte Spezln anzüglich bemerkten. Trotzdem spürte er das erste Mal ein unbekanntes schales Gefühl. Nicht gewöhnt, über sich nachzudenken, erschrak er darüber. Schampus floß reichlich, trotzdem konnte er das Bild der Alten nicht wegspülen, die mit offenen Mündern und zu großen künstlichen Gebissen den jungen Mädchen nachbibberten, bevor sie von ihren Ehefrauen ins Bett gebracht wurden. War das sein Leben? Nur die Geburtstage der Kinder abzählen? Zu wenig für einen Kerl in Saft und Kraft!
Als an diesem Abend, spät, ein paar Männer ihre Biere heranschoben, ihm empört von der bevorstehenden Erhöhung der Kleingartenpacht durch die-

se lausige Stadt berichteten und meinten, es fehle halt einer, der mit der Faust auf den Tisch haue und sich vor den Politikern nicht in die Hose scheiße – da erschien ihm durch die Nebelschwaden der Zigaretten und des Bierdunstes strahlend der Wink seines Schicksals. Nach einem langen Zug aus dem Maßkrug, der ihm mehr Visionen und Stärke einfüllte, als man ein paar Schluck frischen Faßbiers zutrauen würde, stellte er diesen mit Nachdruck auf den Holztisch. Er schob seine alberne Piratenaugenklappe vom Kopf, schloß den obersten Hosenknopf, was ihm nicht leichtfiel, denn Schwangerschaften lassen auch Väter ein paar Pfund zulegen, und sprach: »Ich bin euer Mann!«
So nahm sein Leben, aber auch das seiner Frau, einen unerwarteten Lauf. Kaum zum Sprecher gewählt, galt es im ganzen Viertel bei jeder Vereinsfeier, Einweihung und ähnlichem, Hände zu schütteln, Grußworte, Sinniges vorzutragen. Die örtlich dominante Partei kam um ihn nicht mehr herum. Er um sie auch nicht. Vom Sprecher im Bürgergremium bis zum Kreisverbandsvorsitzenden dauerte es zwar viele Jahre, die kaum eine freie Minute ließen, aber seine Bedeutung stieg unaufhaltsam. Jeder kannte ihn, kein Anliegen hatte eine Chance ohne seine tatkräftige Unterstützung. Im Kreis seiner Familie schöpfte er täglich die Kraft, die von so vielen Anforderungen verbraucht wurde. Seine Frau liebte ihn für den Glanz in ihrer Doppelhaus-

hälfte, die Kinder schmückten seine Reputation durch hervorragende Leistungen im Sportverein, in der Trachtengruppe. Und so konnte es nach seinem Ermessen kein größeres Glück geben, als, aufgehoben im vertrauten Viertel, der Star aller Kleinbürger zu sein.

Doch die Partei hatte personellen Notstand: Der designierte Führer im Oberbürgermeister-Rennen fiel durch eine unvorhersehbare Maßnahme der Staatsanwaltschaft aus, er wurde leider verhaftet. Das Auge der Partei richtete sich auf ihn. Schweiß brach ihm aus, Panik verwirrte sein kleines Gehirn. Er, der sich wirklich niemals Gedanken über Probleme außerhalb seiner überschaubaren Welt gemacht hatte, sollte . . .? Andererseits, warum nicht! Die Partei hatte immer recht, und dumm konnte er wohl nicht gerade sein. Seine Frau war sofort begeistert: Sie Oberbürgermeisterin! Fesche Dirndl hingen im Schrank. Ein paar mehr würden nicht schaden. Vielleicht noch einige seriöse Trachtenkostüme dazu? Dann wäre sie jedenfalls den Aufgaben gewachsen. Die Kinder konnte man jederzeit vorzeigen – Betriebswirtschaftsstudent und Hotelfachfrau. Anständig.

Restbedenken zerstreuten Parteifreunde. Die Gegner wären sowieso unerträglich, der Sieg schon allein wegen deren allseits bekannter Unfähigkeit keine Frage. Ein bißchen Haltung, die richtigen Pressetermine mit Kaninchenzüchtern, Hausfrauenvereinen, eine gute Rede vor der Wirtschaft –

keine Angst, die schreibt unser Experte –, der Sieg quasi unvermeidlich. Irgendwann glaubte er selbst daran, warf sich vor jede Kamera, drängte sich zwischen Bürger, tauchte in Kindergärten auf.
Doch die große Podiumsdiskussion zwischen den Kandidaten, inszeniert von den Zeitungen der Stadt, scheute er instinktiv. Er wurde gedrillt. Wie einen Boxer im Corner malträtierten ihn die Intellektuellen mit Stichworten. Ihm entging ihr überlegenes Grinsen nicht. Als es ernst wurde, fiel ihm keines dieser Worte ein. Jetzt ist er Staatssekretär. Auch nicht schlecht.

Der Gutmensch. Wenn er den alten Opel vor dem kleinen Landhotel abstellte, beim Aussteigen den Kragen des Regenmantels hochzog, sah er sich, trotz des Sicherheitsabstandes von mindestens dreihundert Kilometern zum heimatlichen Wirkungsfeld, noch einmal vorsichtig um. Erst dann überließ er sich seinen prickelnden Gefühlen im Unterleib. Sie würde, wie jeden dritten Samstag im Monat, in ihrem aufreizenden Negligé bereits im Bett auf ihn warten. Schimmerndes Kerzenlicht, der Sekt im Kühler. Als er das Zimmer betrat, war alles so, wie er es brauchte. Wortlos entledigte er sich seiner Kleidung. Nur in Socken, sprang er unter die Decke. Nach ein paar routinierten Griffen waren beide bereit, nach wenigen heftigen Minuten war der Akt vollzogen. Diskret verschwand sie im Bad, um ihm die Peinlichkeit zu ersparen,

Zeugin seines Anrufs zu Hause zu werden. Denn seine Frau ging gegen einundzwanzig Uhr dreißig ins Bett. Ohne seine Meldung, daß er wie immer gut angekommen, der Arbeitskreis wie immer langweilig wäre, konnte die Gute nicht einschlafen. Nachdem der Zimmerkellner Häppchen und Bier gebracht hatte, öffnete die Sekretärin die Badezimmertür und betrachtete ihren langjährigen Geliebten, wie er gierig ein Brötchen nach dem anderen verschlang, zwischendurch mit vollem Mund sein Glas leerte. Mit sich und der Welt zufrieden, schlug er einladend die Decke zurück. Als sie sich an ihn kuschelte, mit den weißen Haaren auf seiner welken Brust spielte, durchstömte sie das wunderbare Gefühl, geliebt zu werden. Ein wehes »Ach« entfloh ihrem Mund. Sanft, aber eindeutig legte er seinen Zeigefinger auf ihre Lippen, um sie zu verschließen.

Die leidigen Diskussionen, ob er sich nicht endlich trennen könnte, seine politische Karriere in der Partei, die Beliebtheit im Volk wären doch fest verankert und längst auf dem Höhepunkt, gingen ihm in letzter Zeit mehr und mehr auf die Nerven. Er würde sich bald nach jemand anderem umschauen müssen. Warum können diese Sekretärinnen nicht begreifen, daß eine intakte Ehe der Ort des Erfolgs ist! Wie sollten seine Wähler, vor allem seine Wählerinnen, ihn weiter in seinem unerschrockenen, von christlichem Mitleid durchdrungenen Kampf für die Ärmsten der Armen unterstützen, ihn wie einen Heiligen verehren, wenn er die Rentenerhöhung für die kleine Rentnerin, die Sozialhilfeerhöhung für die alleinerziehende Mutter oder die menschliche Behandlung der ausländischen Mitbürger einklagte und gleichzeitig eine in Aufopferung für die hungernden Kinder dieser Welt ergraute Ehefrau von sich stieß? Wegen Sex! Niemals könnte er ihr und ihrem kirchlichen Frauenverband diesen Schmutz zumuten. Auch seine Kinder liebten und respektierten ihren Vater über alle Maßen, strengten sich an, seiner würdig zu sein, verachteten Punks und Drogenabhängige. Zu Hause war die Welt noch in Ordnung.

Außerdem hatte die Parteispitze noch Größeres mit ihm vor. Seine politische Gradlinigkeit, der soziale Schwerpunkt prädestinierten ihn für ein hohes Amt in einem der neuen Bundesländer, diesen armen gebeutelten Menschen Führer und Fürsprecher zu werden, die Krönung seines Lebenswerks! Daß man ihn damit eventuell aus dem Zentrum der Macht abschieben wollte, um ohne seine öffentlich wirksamen Bekenntnisse gegen den Zeitgeist, genannt Sozialabbau und Flexibilisierung, die Staatsausgaben unauffälliger umverteilen zu können, verdrängte er. Die Phantasie, als Landesvater in die Geschichte einzugehen, trübte seinen sonst wachen Geist. In diese Zukunft drängt sich keine Sekretärin! Zufrieden mit seiner Lebensbilanz, rutschte er noch mal auf den Körper neben sich. Grob rupfte er ihre dünnen Haare. Ein letztes Mal,

dachte er. Zärtliche Wehmut verlieh seinen Lenden Leidenschaft, die sie zu einem seltenen Orgasmus führte.
Hingeschmolzen beobachtete sie beim Einschlafen ihren Geliebten, wie er sich anzog, um am Sonntagmorgen daheim mit seinen Lieben zu frühstücken.

Der Auserkorene. Sein Vater war beruflich immer unterwegs, dabei wenig erfolgreich gewesen. Das Haushaltsgeld hatte der Mutter hinten und vorne nicht gereicht, obwohl sie sehr sparsam wirtschaftete. Heimlich verdiente sie mit Häkelarbeit dazu; ihr Mann durfte das nicht merken, das Bild des starken Ernährers wäre sonst zusammengebrochen. Der kleine Sohn hing abgöttisch an seiner tüchtigen Mutter, auch wenn sie streng mit ihm war, nur selten Zärtlichkeit zuließ. Er bemühte sich, wo er konnte, ihr das schwere, abgeschiedene Leben zu erleichtern; denn Vergnügungen oder Besuch gab es nur selten. Früh entschied er sich dafür, erfolgreich zu werden, dann würde er sie reichlich für Vaters Versagen entschädigen.
Als nach den Kinderjahren ein gutaussehender, intelligenter junger Mann herangewachsen war, gab es auch keinen Zweifel, ob er sein Ziel erreichen könnte. Die Juristerei wählte er nach seinem glänzenden Abitur – nicht nur, weil sie die beste Voraussetzung für jede beliebige Karriere in allen denkbaren Branchen bietet, er wollte das Prinzip

menschlicher Gerechtigkeit erfahren. Von seinem Streben nach Wissen ließ er sich kaum ablenken, auch die Reize der hübschen, unternehmungslustigen Studentinnen fochten ihn nicht an. Sie kosten nur Zeit, Energie und Geld. Viel Geld, denn von den neumodischen Macken der Mädels, ihre Schorle selbst zu bezahlen, hielt er nun wirklich nichts. Schließlich war er der Mann!

Als seine Kommilitonen plötzlich den Friseur verweigerten, antiamerikanische Sprüche an die Wände der Universität schmierten, Professoren verunglimpften, fühlte er sich erst unbehaglich, bald empfindlich gestört. Was fiel diesen ungewaschenen Schnöseln ein, den Apparat zu zerschlagen, den er für seine Pläne so dringend brauchte! Nur kurz schaute er dem entfesselten Treiben zu, dann packte ihn der heilige Zorn, und er warf sich mit Inbrunst vor die Institution. Ein Rebell gegen den Geist des Antiautoritären, der Gleichmacherei, der lila Latzhosen war geboren. Seine Minderheitenposition in der eigenen Generation beflügelte ihn, Opportunismus war ihm ein Greuel. Feurige Reden wider den Ungeist der Zerstörer guter, alter Werte erhoben ihn, so hoch, daß der Blick des Allerhöchsten auf ihn fiel. Mit väterlichem Wohlwollen nahm er, der Parteichef, ihn bei der Hand und führte ihn an den Niederungen der Ortsvereine, Kreisverbände vorbei, hinauf zum Olymp. Auf einer der unteren Stufen im Kreis der Helden und Halbgötter sollte er arbeiten und beten, bis seine

Leistungen im Dienst der Sache ihn würdig erwiesen für die Liebe des blitzeschleudernden, gottgleichen Vaters.

Nun sind Helden bekanntermaßen Heißsporne, Halbgötter nicht frei von Eifersucht und auch Götter auf die Ergebenheit der gläubigen Klientel angewiesen. Und der so jung zu Ehren Gekommene ließ es an Patzern nicht fehlen. Zuerst mußte er seine Kühle dem anderen Geschlecht gegenüber bearbeiten; denn Tuschelein über sexuelle »Abartigkeiten« – in der Antike kein Problem, aber heute – müssen mit der Wurzel ausgerissen werden. Also legte er regelmäßig, für alle erkennbar, schmachtende Blondies aufs Kreuz. Spaß bereitete ihm dies wenig, irgendwie empfand er Verachtung. Wie kann ein Mensch, auch ein junger weiblicher, erst blöde kichern, auf einmal mit Schafsaugen nur noch »oh« stammeln, um von ihm die paar Zuckungen zu empfangen und hinterher dauernd am Telefon warten und zuletzt von ihm träumen? Die Frauen verstände, wer will, er hielt sich an Mutter, deren matte Augen strahlten, wenn er ihr Zeitungsausschnitte mit Berichten über seinen Kampf mitbrachte.

Als zweite Übung wurde ihm Mäßigung auferlegt, Radikalismus wäre langfristig den Bauern, kleinen Angestellten, vor allem der ihrer Pension entgegendösenden Beamtenschar nicht vermittelbar. Als ihn ab und zu ein jungenhaftes Blinkern seines Gottes traf, schaltete er auf stur. Wie gesagt, Op-

portunismus war nicht seine Natur. Auch wenn pseudointellektuelle Mithelden stöhnten – er sprach aus, was sein tieftes Inneres bewegte: Pflichtbewußtsein, Bescheidenheit, Pünktlichkeit, Sauberkeit, wie sollte ein Volk, sein Volk, ohne diese Tugenden überleben? Ausländer, Fixer, Emanzen, Schwule, Kommunisten, Penner unterminierten seinen Staat. Sollte Mutter die bescheidene Rente mit diesem Pack teilen? Niemals! Brausender Applaus, wo immer er auftrat. Er verstand die Menschen und sie ihn. Wo war das Problem?
Intellektuelle Bläßlinge aus der Presse, selbst aus der eigenen Partei, ruderten sichtbar angesichts seiner Erfolge. In Interviews, öffentlichen Diskussionen gewann er Punkte. Meinungsträger schwenkten um. Bald kontrollierte er große Teile der Medien, denn deren Bosse teilten nach Überprüfung der Quote seine Sicht auf das Wohl und Wehe des deutschen Volkes. Während der Märchenhochzeit in Weiß, deren Opfer eine harmlose Sportstudentin geworden war, winkte Jupiter. Ganz nach oben.
Doch auch Götter kämpfen. Heute vor allem mit ihrem Cholesterinspiegel. Jupiter fiel. Mit ihm sein Schützling. Grinsend beobachteten Mithelden seinen Sturz. Doch er schlug weich auf. Im Bierdunst der Volksfestzelte warteten alle des Erlösers.

Der Glückspilz. Er saß in seinem hellblauen Cabriolet, ein amerikanisches Modell aus den fünfziger Jahren, und weinte. Nein, er würgte, hustete trocken, die Lider quollen über brennenden Augen auf, denn richtige Tränen flossen nicht. Zu ungeübt war er in dieser körperlichen Reaktion auf Unglück. Als er versuchte, sich zu erinnern, wann er das letzte Mal anständig geweint hatte, fiel ihm kein entsprechendes Ereignis ein. Die schlechten Noten in der Schulzeit belasteten weder ihn noch seine Eltern, sie waren trotz alledem von seinem Genius überzeugt. Durch das Abitur schwindelte er sich mit viel Glück; das Studium störte nur geringfügig beim Skifahren, Segeln, bei den vielen Feten in der Villa. Alles easy.

Irgendwann meinte sein Vater, er wäre nun alt genug, in des Seniors Fußstapfen zu treten, und ernannte ihn zum Juniorchef der florierenden Baufirma. Anfangs sah der Filius nicht recht ein, warum er nun für die familieneigene Dachterrassenwohnung, für seine Sportwagen, die er wechselte wie andere ihre Hemden, für die Trips nach L.A. arbeiten mußte, statt die Ausgaben von seinem Taschengeld zu begleichen. Doch der Respekt, gepaart mit Furcht, den ihm die Mitarbeiter seines Vaters plötzlich entgegenbrachten, gefiel ihm. Auch daß er jetzt an bessere Frauen herankam, verzeichnete er als Pluspunkt. Vorher waren es doch hauptsächlich junge Gänse, die sich willig an den Pool abschleppen ließen, nun spürte er weibliches Interesse anderen Niveaus. Ein prüfender Blick aus kühlen Augen, eine spöttisch hochgezogene Braue

während eines stilvollen Geschäftsessens erotisierten ihn bald mehr als halbnackte, Cola schlürfende, ewig lachende Mädels. Und er kam bei den hart arbeitenden Singles gut an. Sein jugendhafter Charme, dazu die ersten eigenen Geschäftserfolge waren eine scheinbar unwiderstehliche Mischung.
Kurz vor einem Herzinfarkt führte der Vater, in Sorge um die künftige Entwicklung in der Bauwirtschaft, ein eindringliches Gespräch mit dem Junior und riet ihm, zur Absicherung in die Partei einzutreten. Zögernd folgte dieser dem Wunsch. Er traf dort einen alten Freund der Familie, der ihn unter seine Fittiche nahm und den richtigen Leuten vorstellte. Bald erlagen auch diese seinem, von keinen Selbstzweifeln angekratzten Schwung, und ehe er sich versah, war aus ihm eines der jüngsten Mitlieder des Landtags geworden. Geld und Macht, Glück pur!
Auf einer langweiligen Vernissage, zwischen Frauen mit Sonnenbrillen und glutrot geschminkten Lippen, hinter denen Haifischzähne darauf gierten, zuzuschnappen, traf er Susanne. Sie studierte Musikwissenschaft, jobbte dafür rund um die Uhr als Kellnerin und hatte deshalb immer dunkle Ringe unter den fast schwarzen Augen. Irgendwie rührte ihn das dünne Vögelchen. Politik machte ihr angst, den Namen seiner Firma hatte sie noch nie gehört. Kurios, diese Person, aber lieb. Bei seinem ersten Besuch quoll ihr Zimmer über von Büchern, aus denen Notizen hervorlugten, neben

dem Computer blühte ein hitzig duftender Mimosenzweig in einer Art-deco-Vase. Erst jetzt fiel ihm auf, daß sie zwar einfach, aber geschmackvoll gekleidet war. Diese Nacht endete erst frühmorgens, als er vorgab, Thrasybulos Georgiades' Musiktheorie verstanden zu haben. Warum er sie und keine andere zur Frau wollte, wußte er nicht, aber er machte sich auch sonst nicht allzu viele Gedanken. Das änderte sich nach der Hochzeit und den Geburten zweier Töchter. Susanne dachte nämlich immer viel nach, las in jeder freien Minute und verstrickte ihn in Diskussionen. Anfangs liebte er diesen Nachhilfeunterricht in intellektueller Sensibilität, ging auch willig durch fremde Kirchen, in seltsame Opern, langweilige Konzerte. Seine Kinder vergötterte er, auch weil beide Susanne so ähnlich waren. Doch die neuen Ministerpflichten standen einer überernsten Selbstreflektion in ländlicher Zurückgezogenheit, die seine Frau schätzte, im Wege. Auch die vielen schnellen Abenteuer, die er einfach nicht abschlagen konnte – schließlich war er immer noch jung –, schufen eine gewisse Distanz, die ihm aber unproblematisch schien. Denn wenn er ausgepowert war, fand er immer heim. Es fiel ihm nicht auf, daß Susanne noch dünner geworden war, auch der Pfefferminzgeschmack der seltenen Küsse nicht.
Erst beim Neujahrsempfang des Ministerpräsidenten, wo vollständiges Erscheinen samt Ehefrauen erwartet wird und sie auf seine dringenden Bitten

widerwillig mitkam, stellte er fest, den Überblick verloren zu haben. Sie schüttete das letzte Glas italienischen Weißweins, nachdem sie etliche davon geleert hatte – genau eines pro Umarmung mit Damen aus Politik und Gesellschaft, aber das wußte er natürlich nicht –, schüttete also vor allen Gästen das volle Glas auf seinen Smoking und warf es zu Boden, wo es klirrend zersprang. Mit dünnen Lippen, auf unsicheren Beinen verschwand sie.
Jetzt, auf dem Parkplatz, hatte er das Schriftstück ihrer Rechtsanwältin gelesen. Eine befreiende Träne rann an der markanten Nase herunter. »Wie kann sie mir das antun!«

Die Rampensau. Natürlich hatte die Ausschußsitzung längst begonnen, als er, mit Unterlagen, Gesetzestexten, schwerer Aktentasche beladen, seinen Platz einnahm. Jovial grüßte er die Kollegen aller Parteien, ging kurz zum einen oder anderen, um versprochene Informationen abzuliefern, nach dem Befinden der kranken Frau zu fragen. Da hörte er den Vorsitzenden einen Antrag stellen. Sofort schnellte sein kleiner pummeliger Zeigefinger steil in die Höhe, er mußte sich noch zu Wort melden. Zwar war ihm beileibe nicht klar, um welches Thema es gerade ging, doch hatte er immer etwas beizutragen. Seine Nachbarin raunte ihm den Tagesordnungspunkt zu, er zog die Unterlage aus dem Stapel, und während er ans Rednerpult wieselte, überflog er schnell die Überschrift. Alles paletti.

Befreundete Stadträte lehnten sich gemütlich zurück in Erwartung, was er heute darbieten wird; denn seine Redebeiträge besaßen erheblichen Unterhaltungswert, eine Ausnahme im politischen Einerlei. Der Vorsitzende stöhnte auf, seine Erfahrungen mit diesem Stadtrat waren nicht die besten. Glasklare Mehrheiten schmolzen wie Butter an der Sonne, wenn dieser seine rhetorischen Fähigkeiten spielen ließ. Simple Zusammenhänge erschienen plötzlich hochkompliziert, nachdem er die Fakten in vorgeschützter Naivität zerpflückte, sie in einen anderen Kontext setzte und dabei die Absurdität des Vorhabens herausarbeitete. Die Scherben warf er dem Referenten oder der verantwortlichen Fraktion auf den Tisch, begleitet vom tosenden Gelächter der Ausschußmitglieder. Mit zwei lapidaren Schlußbemerkungen skizzierte er grob seine Lösungsvorschläge, um sich daraufhin bescheiden an seinen Platz zurückzuziehen und Wichtigerem zu widmen.

Journalisten schätzten ihn, der ihre Arbeit ungeheuer erleichterte. Erstens war er immer, zu jeder Tages- und Nachtzeit, nicht nur auskunftswillig, es sprudelte geradezu aus ihm heraus. Zweitens dröselte er sowohl das Problem wie auch mögliche Meinungen dazu in einer Weise auf, daß selbst schlichtere Geister in den Redaktionen es nachschreiben konnten. Zur endgültigen Befriedigung der Presse streute er auch noch einige zitierfähige Sätze ein. Ein Artikel, an dem so mancher sonst mühsam kaute, schrieb sich dann wie von selbst. Ein Glücksfall also für die Politik (und die Journalisten). Er sah das genauso. Deshalb verstand er nicht, wieso ihm bislang keine bedeutenderen Wirkungsfelder angeboten wurden. Seine Antennen waren längst ausgefahren, doch Konkretes zeichnete sich nicht ab.

Als er auf die Dreißig zuging, wollte er Nägel mit Köpfen machen. Sein Lebensstil war schließlich aufwendig, in seinen Kreisen mußte man klotzen. Mit der lächerlichen Stadtratsentschädigung war er nicht weit gekommen, der Kreditrahmen auf seinem Girokonto leider ausgeschöpft, obwohl er den Vorstand der Bank auf einem Segeltörn kennengelernt hatte. Auf irgendeinen Minister, Staatssekretär oder etwas Leckeres bei der EU erhob er Anspruch. Doch in seiner Partei Fehlanzeige. Ältere saßen schon viele Jahe in den Startlöchern, Alibi-Frauen überholten ihn mühelos, er sah sich im Stadtrat grau und fett werden. Als er gegenüber dem Bundesvorstand deutlich wurde, sich aufgrund seiner lokalen Beliebtheit zu Drohungen verstieg, schüttelten seine Leute bedauernd und angewidert den Kopf. Der Kredit nagte, ein kleiner Klüngel Eingeweihter hetzte. Blind vor gekränktem Stolz des erfolgsverwöhnten Egos, provozierte er die Seinen mit öffentlichen Forderungen, die größtenteils im krassen Widerspruch zu der bisherigen Programmatik standen. Der Applaus war ihm sicher. Nur von anderen.

Mit eisigem Schweigen überging seine Partei diese Ausfälle, aber die Daumen gingen nach unten, auch bei seinen internen Anhängern. Je deutlicher er die Ablehnung spürte, desto mehr Affinität bemerkte er zu einer anderen, viel einflußreicheren Fraktion. Belustigt nahmen die Strategen dieser großen Volkspartei seine Anbiederungsversuche zur Kenntnis, hielten ihm ihre Angel hin. Der Köder, ein wenig attraktiver Posten, war allerdings sehr klein. In seinen trotzigen Augen erschien er aber als fetter Happen, nach dem zu schnappen sich in seiner finanziell prekären Lage lohnte. Doch bevor sein Mäulchen zubeißen konnte, wurde die Angel ruckartig hochgezogen, man hatte es sich anders überlegt. Der Fisch wollte doch so gerne und sprang und landete so zum Nulltarif auf dem Seelenfänger der bislang feindlichen Mannschaft. Sein schillerndes Wesen und seine Popularität wurden durchaus als Bereicherung angesehen, doch als er den Kapitän zu sprechen verlangte, schallte ihm nur schadenfrohes Gelächter entgegen. Und als der Kutter der großen Volkspartei gefährlich nahe an morastigen Sümpfen vorbeischipperte, seilte er sich ab. Im Gewabere des Dünkels, im Freiheit hassenden, Giftblasen absondernden Abschaum konnte seine Energie phosphoreszierende Funken erzeugen, die braunes Gezücht anlockten, von nah und fern. Auf deren Kloake rutschend, fand er sich als Einzelkämpfer für ein großdeutsches Vaterland im Stadtrat wieder. Seine Auftritte wurden extremer, seine Feunde aus den anderen Fraktionen blieben trotzdem dieselben. Und seine Schulden werden seitdem bezahlt.

Sabine Csampai, *geboren 1952 in München, Sprecherin der Fraktion Bündnis 90/Die Grünen im Münchner Stadtrat. Studierte an der Kunstakademie München Bühnen- und Kostümbild, mehrere Engagements an verschiedenen Theatern. Seit 1982 bei den Grünen, 1984 Stadträtin, 1990 bis 1996 Dritte Bürgermeisterin. Verheiratet, drei Töchter. Verzichtete wegen der Kinder auf Wiederwahl zur Bürgermeisterin. 1997 erschien ihr erstes Buch, der Roman »Kiesbett« (Hoffmann und Campe).*

Gabriele Henkel

Der Latin Lover

Zu den bedrohten Arten gehört neben dem Pandabären und dem Gorilla eine Sub-Spezies des Homo sapiens, unsereins nur noch vom Hörensagen und aus Memoiren bekannt: der Latin Lover. Nördlich des Limes ist er so gut wie unbekannt; Versuche, ihn hier einzubürgern, sind gescheitert. So gibt es auch keine deutsche Bezeichnung. Hier kannte man allenfalls den Vulgär-Artverwandten, den Manschetten-Galan. Die letzten Exemplare wurden kurz nach der Jahrhundertwende in Monte Carlo von russischen Gräfinnen spazieren geführt. Vereinzelte Typen des verwandten Blaublütler-Galans, oft mit leichten Degenerationserscheinungen, leben bis heute in streng bewachten Champagnergewölben, meist auf Vertreterbasis.

Der echte Latin Lover ist jahrelang gnadenlos gejagt worden. Versuche, Schonzeit oder Reservate für ihn zu schaffen, sind stets erfolglos geblieben. Die hemmungslose Trophäenjagd hat den einst stolzen Bestand schrumpfen lassen und dazu geführt, daß überall billige Imitate auftauchen.

In großen Hollywood-Filmen kann man noch einige dieser melancholisch verträumten Wesen bewundern, besonders die Cinecittà-Abarten der De Sica- und Mastroianni-Lovers. Selbst als Raubtiere im Mafiosi-Look behalten sie eine müde Würde. Das Vordringen des hiesigen gemeinen Wald- und Wiesenlovers hat die Bestände weiter dezimiert. Diese Typen mit Bausparvertrag und Bauchansatz brechen in das Terrain des Latin Lover ein, verpesten das Biotop mit Fax und Handytönen und setzen aufdringliche Duftmarken. Statt ihres Körpers präsentieren sie ihre rollende Stahlhülle, ihr Charme hat Spoiler. Während sich der Latin Lover von klassischer bis leichter Lektüre nährt und zum Frühstück das Feuilleton verschlingt, benutzt das Imitat sogenannte Laptops und liest wegen Augenschwäche nur große Überschriften. Das Fell des Latin Lover, tagsüber geschützt von leichtem Flanell, ist südlich getönt; das Imitat bevorzugt oliv Leinen und Joggingkleidung. Der Latin Lover hat einen weichen Gang, der besonders auf Parkett und Marmor zur Geltung kommt. Als Meister der Scheinbeschäftigung gab er sich früher oft als Diplomat aus. Unter den Zehengängern jedoch ist er der Gattung des Flaneurs zuzurechnen. Er hält sich gerne in schattigen Hotelhallen und in Bars auf. Nach dem Aufkommen der kurzen Tennis-Shorts hat er diesen Sport aufgegeben und sich auf Backgammon zurückgezogen.
In jüngster Zeit wurden einige Expeditionen in

Gegenden gestartet, wo angeblich vereinzelte Exemplare gesichtet wurden: in Hotels am Lido, in Cafeterien der Galleria Vittorio Emanuelle in Mailand, in der Paris Bar in Berlin und in den Straßencafés an der Recoleta in Buenos Aires. Es gibt jedoch keine brauchbaren neuen Aufnahmen. Lediglich vergilbte Photos geben Aufschluß auf das Äußere des Latin Lovers: Der letzte seiner Gattung trägt die richtigen Schuhe, ist diskret angezogen, das dunkle Haar glatt gekämmt. Rasiert sich zweimal am Tag. Hat bei jedem Rendezvous ein Kompliment parat. Kleine Schmeicheleinheiten als amuse gueule. Er hält sich lange am Vorspeisenbüfett auf, denn er hat Zeit.

In Paris begleitet er die Frau in die Modehäuser, in Confiserien und Parfümerien und flaniert mit ihr im 7. Arrondissement. Er muß nie dringend etwas aus der Reinigung abholen und verzehrt niemals Yoghurt mit Verfallsdatum. Weiß in einer Nebenstraße der Avenue Montaigne die richtige Bar, wo man sich nachmittags schon wie abends fühlt. Er jagt in der Dämmerung und ist geduldig. Sein Opfer ergibt sich freiwillig, Gewalt ist ihm fremd. Außerdem setzt er gern alles auf eine Karte. Die zeigt: cinq à sept. Und wenn es nicht dazu kommt, gibt er nicht sofort auf. Um die Frau für den ersten Abend im Restaurant abzuholen, leiht er sich einen Wagen mit Chauffeur, denn er hat keinen Führerschein.

Er stammt aus einer alten, aber verarmten Familie

– more dash than cash –, ist spanischer, italienischer oder südamerikanischer Herkunft, oft alles gleichzeitig. Er ist allerdings nicht so berühmt wie Rubirosa, eine erotische Sagenfigur der vierziger Jahre, dessen Namen man erwähnte, wenn der Kellner eine große Pfeffermühle im Restaurant reichte.

Der Latin Lover geht einer gut klingenden Beschäftigung nach, aber es gibt kein Büro. Er schreibt Artikel, aber in entlegenen Zeitschriften. Er ist musisch, wirtschaftliches Denken ist ihm fremd. Er erzählt keine Witze, sondern Anekdoten. Er lacht leise. Sein Image stammt aus der Zeit, wo es statt Techno-Schuppen Nightclubs gab mit Musik von Cole Porter, Tommy Dorsey, »Satchmo« und Duke Ellington. Man hatte immer einen Tisch für ihn. Wie seine Artgenossen kannte er alle Barmen mit Vornamen und bestellte Cocktails mit seltsamen Namen. Man zeigte sich nur mit schönen Frauen und in dekorativen Gruppen.

Zu den Zeiten, als Manieren und Aussehen noch geholfen haben, gab es für ihn in den eleganten Hotels des alten Europa preiswerte Zimmer, brachte er doch dem Ambiente außer dem Duft von Eau de Toilette wie »Duc de Vervins«, von Caron »Pour un homme« oder »Mouchoir de Monsieur«, einen Hauch von Flirt, ein Versprechen von Abwechslung, ja Abenteuer.

Der Latin Lover ist meist unverheiratet. Er ist Einzelgänger, haßt das Rudelwesen und pflanzt sich

nur ungern fort, da ihm die Brutpflege zuwider ist. Er hat keinen festen Bau, sondern nutzt fremde Höhlen mit vielen Fluchtwegen. Sein entfernter kleinbürgerlicher Vetter, der Gigolo, kam in den Vorkriegsjahren aus dem gemäßigten Südamerika nach Europa. In seinem schlichten Rohrplattenkoffer befanden sich Schellackplatten von Carlos Gardel. Zu Hause vegetierte eine rasch verblühende Ehefrau im Familienverbund. Der Gigolo tanzte wundervoll, insbesondere Tango. Seine geistigen Fähigkeiten waren gering, und seine eindeutige Karriere war meist steil und kurz. Er starb verarmt nach Veräußerung einiger Schmuckstücke.
Der Latin Lover bleibt eine Wunschvorstellung. Er besitzt alle Eigenschaften, die im nördlichen Europa so selten sind – das leichte Lächeln, überhaupt eine wohltuende Leichtigkeit des Auftritts, und vor allem: Er gibt den Anschein, sein Leben lang auf die jeweilige Frau gewartet zu haben. Das unterscheidet ihn vom Playboy, einer Gattung, die nicht unter Artenschutz fällt. Der Playboy zelebriert sich öffentlich. Er protzt mit Photomodellen, ausgefallenen Hobbies und der Vielzahl seiner Häuser, von denen er Photos in der Brieftasche hat. Er ist auch mit 55 Jahren noch nicht erwachsen, entfernt sich deshalb nie aus dem Rudel Gleichgesinnter. Sein Weideplatz: die Klatschkolumnen. In Designer-Jeans wartet er geduldig auf die Photographen, um sein neues Gebiß, seine Eroberungen und seinen Ferrari Testarossa vorzuführen.

Giacomo Casanova, der selbsternannte Chevalier de Seingalt, der irrtümlich als Ahnherr des Latin Lovers gilt, war, wie seine geistvollen Memoiren zeigen, kein »Casanova«, vielmehr ein homme à femme.

Zum Ende des 20. Jahrhunderts ist der Latin Lover so gut wie ausgestorben. An seine Stelle traten die Animateure der Clubs Med, Valtur, Robinson etc., wo man sich sofort duzt, wo Sinnlichkeit sich im abgegrenzten »dynamischen Ambiente der Marina« ansiedelt und sich zu zwanghaften Treffs beim Petanque und Wasser-Polo diszipliniert und man beim Skikurs ein vorgebräuntes Lächeln riskiert. Ein Latin Lover auf Ski, auf Rollerblades, auf gemieteten Strandlaken, im Taucheranzug – undenkbar. In der Provinz kann er übrigens nicht heimisch werden, denn sie bietet ihm weder Nahrung noch Fluchtmöglichkeiten. Er gehört in die Großstadt, auf die Avenuen, in die römische Gesellschaft, wo manchmal Paläste seinen Namen tragen.

Seit dem Jahr 1995 beobachten wir weltweit Fraueninitiativen mit der Absicht, den Latin Lover wieder auszuwildern. Dazu bedarf es Akklimatisationszentren und ausgesuchter Biotope, vorzugsweise in südeuropäischen Ballungsräumen, die urbane Tradition und Kontinuität versprechen. Jede Form der Domestizierung führt jedoch zu Entartung oder Mißbildungen, wie sie beim Lover Papagallus festgestellt wurden. Sobald dem Förderverein e. V., mit Sitz Koblenz, der steuerbegünstigte Status

zuerkannt wird, ist auch an die Schaltung einer Online gedacht.
Da vom Jahr 2000 an vermutlich ausschließlich virtuelle Begegnungen per Internet möglich sind, plant der Verein die Errichtung eines Streichelzoos.

Gabriele Henkel, *Honorarprofessorin für Kommunikationsdesign an der Universität Wuppertal und Kuratorin der renommierten Kunstsammlung der Henkel KGaG in Düsseldorf, schreibt als freie Publizistin Kulturberichte, Rezensionen und Bücher (u. a. »Les Beaux Restes – Bilder der Vergänglichkeit«, »Augenblicke – Interviews, Reviews, Views«) und arrangiert Kunstausstellungen eigener Arbeiten in München, Wuppertal, Hannover, Potsdam und Düsseldorf. Im Frühjahr 1997 entwarf sie die Bühnenbilder für die »Parsifal«-Inszenierung von Günter Krämer an der Münchner Staatsoper.*

Fee Zschocke

Paula und Jo

Ein Café in Berlin. Ein Mann und eine Frau. Irgendwann haben sie sich mal geliebt. Nun sitzen sie sich zum erstenmal seit Jahren wieder gegenüber. Sie hat versucht, die Spuren dieser Jahre mit einem zu dick aufgetragenen Make-up zu verwischen. Es wirkt maskenhaft. Er gibt sich betont lässig. Jeans, ein angeschmuddeltes schwarzes Jackett, die welligen blonden Haare glänzen leicht ölig. Wer die beiden da sitzen sieht, könnte sie für Menschen halten, die der Zufall gerade erst vor ein paar Stunden in diesem Café zusammengeführt hat. Sie berühren sich nicht. Sie streicht sich immer wieder mit einer fahrigen Geste die Haare zurück; er redet so nuschelig, daß sie sich zu ihm hinüberbeugen muß, um überhaupt ein Wort zu verstehen. Sie könnte es ebensogut auch lassen. Die Worte sind nicht wichtig. Der wirkliche Dialog läuft im Off.

SIE: Hi!
hei! ist ja ätzend! typisch paula. mit vierzig immer noch den megageilen teeny-jargon drauf

ER: Grüß dich.
grüß dich hat er damals in münchen auch immer gesagt. grüüüüß dich – in so einem leicht bajuwarischen singsang . . . scheint immer noch seine erkennungsmelodie zu sein

SIE: Ja, also . . . Lange nicht mehr gesehen!
war auch gut so. tote soll man nicht aufwecken. beknackte idee, sich nach all der zeit mal wieder zu treffen. ich hab gewußt, daß es krampfig wird. sie ist immer noch dieselbe: ist zufällig in berlin und schneit einfach so rein in mein leben . . . immer hat sie das tempo vorgegeben. friß oder stirb. bescheuert. trotzdem bin ich immer hingedackelt, wenn sie mal wieder angerufen hat . . . alt ist sie geworden. nee, nicht direkt alt. keine falte. aber fett. das war schon früher ihr problem. immer zwei kilo zuviel. jetzt sind's zwanzig. ich kann fette frauen nicht ausstehen. wenn sie lacht, sieht sie immer noch aus wie früher. und ihre lippen sind immer noch zu rot. auf diese lippen bin ich mal total abgefahren . . . ob ihr typ sie gut vögelt? das bonbonfarbene tangerinrotgespritzte stromlinien-baby hab ich sie mal genannt, nach einem buch von tom wolfe . . . komisch, was einem so nach all den jahren einfällt

ER: Genau fünfzehn Jahre.
alt ist er geworden . . . nee, nicht richtig alt. irgendwie erwachsen. das studentische ist weg. jeans, t-shirt, lederjacke. . . selbst mit dreißig sah er im-

mer noch aus wie der ewige student. auf der straße hätt ich ihn nicht erkannt. mein typ ist er nicht mehr. kleiner ist er geworden. oder bilde ich mir das nur ein? in einem alter, wo man allmählich schrumpft, ist er ja nun auch noch nicht. vielleicht liegt das an seinem bauchansatz . . . bauch steht ihm überhaupt nicht. früher hatte er immer so was kantiges. das paßte zu ihm. kantig. in jeder beziehung. jetzt beginnen die konturen zu verschwimmen. so wurstlfinger hat er gekriegt. und die brille hatte er früher auch nicht

SIE: Was magst du trinken?
strange! manche menschen ändern sich nie. damals hat sie auch immer das heft in die hand genommen. sie hat bestellt. sie hat bezahlt. sie hat gesagt, wo's langgeht. okay, sie hatte auch immer mehr kohle als ich. aber das hat sie auch immer ganz schön raushängen lassen. mir war das recht. sie hat das establishment repräsentiert – ich war auf der anderen seite. sollte sie ruhig blechen . . . kann sie nicht mal einen moment ihre haare in ruhe lassen? bißchen heftig, diese blonden strähnen

ER: Ich nehm einen Cappuccino. Gut siehst du aus. Kein bißchen verändert.
das ist doch kacke, mann! total verlogener scheiß! meinst du etwa, ich hätte dieses erschrecken in deinen augen nicht gesehen, als ich vorhin im café auf dich zukam? klar hab ich mich verändert! meinst

du, ich wüßte das nicht? meinst du, ich bin blöd? bevor ich nach berlin gefahren bin, hab ich fotos angeguckt. fotos von uns beiden, vor fünfzehn jahren ... auf einem bild lehnst du im gegenlicht im fenster meines schlafzimmers, nackt, eine zigarette in der hand, und guckst in die morgendämmerung. das schlafzimmer war so klein, daß nur mein großes bett reingepaßt hat, weißt du das noch? du wolltest nicht, daß ich dich fotografiere, aber ich hab einfach draufgedrückt, und du warst mal wieder sauer. rücksichtslos hast du mich genannt, und schon sind wieder die fetzen geflogen ... und dann gibt's ein foto von mir, angezogen natürlich, ich fand mich schon damals zu dick, dabei war ich dünn, so dünn ... ich hab den kopf selig an deine schulter gelehnt und hab den amtlichen glimmer im blick. du hast so ein che-guevara-zigarillo in der hand und diskutierst mit einem unsichtbaren gegenüber – sicher über die weltrevolution, war damals ja wohl noch angesagt bei dir ... das foto war programm. du entziehst dich mir, ich robb an dich ran und versuche irgendwie, nähe herzustellen ... damals hättest du nicht so einen scheiß dahergeredet. damals hättest du gesagt, was sache ist: du bist fett wie 'ne wachtel, sieh zu, daß du die kilos wieder runterkriegst, sonst krieg ich keinen hoch ... dafür hab ich dich geliebt. für das kantige. ungehobelte
Schweigen

SIE: Der gute alte Jo! Schweigsam wie immer! Er-

zähl doch mal! Wie geht's so? Was macht der Job? Bist immer noch an der gleichen Schule?
typisch, drei fragen auf einmal! als ob es sie je interessiert hätte, was ich mache. immer alles hektisch übern ecktisch. wie geht's, wie steht's – und tschüß! ich kann mich nicht erinnern, daß wir irgendwann mal 'n ernsthaftes gespräch geführt hätten. als typ, der auch was in der birne hat, hast du mich doch überhaupt nicht wahrgenommen! für dich war ich doch nur'n sexualobjekt. das fandest du geil, mit mir in 'ner berliner kommune zu vögeln, wo die türen immer offenstanden und ab und zu 'n genosse durchs zimmer latschte . . . zeitgeist war angesagt. das hat dich angemacht, weil, in der politszene warst du ja nicht so drin. wenn ich anfing, mal von meinen problemen im job zu sprechen, hast du jedesmal sofort auf durchzug geschaltet. bei ina war das anders. die war auch lehrerin. mit der konnte ich wenigstens nächtelang diskutieren

ER: Logo. Immer noch an der gleichen Schule. Hat sich nichts verändert. Wahrscheinlich werde ich demnächst Rektor. Jetzt bist du enttäuscht, gib's zu! Hast du erwartet, daß ich die Compañeros auf Kuba unterrichte, oder was?
ich hab erwartet, daß du die welt aus den angeln hebst, jo! stellvertretend für mich. das war deine rolle in meinem leben: du tust das, wozu ich zu feige war und zu bequem. immer on the sunny side of

the street. ich war teil der ganzen vermufften bürgerlichen szene, die ihr am liebsten in die luft jagen wolltet. gegen scheißliberale wie mich habt ihr demonstriert und polemisiert und molotow-cocktails gebastelt, und ich fand das auch voll in ordnung. du hast mich durch das, was du tust, immer wieder in frage gestellt . . . deine haare, jo, was ist mit deinen haaren passiert? der totale clean cut! sieht echt scheiße aus. weißt du eigentlich, daß ich mich damals in münchen zuerst in deine wahnsinnshaare verliebt habe? und dann, eines tages, kamst du aus L.A. zurück und hattest kurze haare und einen langen bart, und plötzlich war die liebe weg, einfach futsch

SIE: Ist schon okay. Das Establishment hat dich wieder. War eben 'ne andere Zeit, damals. Obwohl, so richtig ausgeklinkt hast du dich ja nie. Trotz Roter Zellen und so. Die bürgerliche Schiene lief immer nebenher . . . Und, privat? Wie läuft's da so bei dir?
brauchst gar nicht so auf die verständnisvolle zu machen . . . ich seh dir doch an, wie beschissen du das findest: jo, der revoluzzer mit A 14 . . . zum kotzen. mit mehr kann ich nun mal nicht dienen. das jahr in der kommune in L.A. hat's auch nicht gebracht. jeremy, der sich auf acid das gehirn weggepustet hat . . . die geschichte mit sarah . . . und dann der miese trip, der mir den rest gegeben hat . . . fuck, und die hepatitis . . .

ER: Privat? Bin gerade mal wieder solo, nachdem ich drei Jahre mit 'ner Frau zusammengelebt hab. Irgendwann lief das nicht mehr. Die wurde so klebrig, wollte 'n Kind von mir und so ... Du kennst mich ja. Bloß nicht zuviel Nähe! Die hat's echt nicht gerafft. Vor einem halben Jahr ist sie ausgezogen. Seitdem wohn ich allein in der WG. 200 Quadratmeter für mich allein! Manchmal kurve ich mit meinen Rollerblades durch die leeren Räume, voll speed. Echt geil! Wenn ich daran denke, daß hier früher bis zu zwanzig Genossen gewohnt haben ...

wer rafft's hier denn nicht – du oder deine frauen? ich hab's auch nicht gerafft mit dir. ich hätte es wissen müssen, damals, als wir mal wieder telefoniert haben ... komm doch nach hamburg, hab ich gesagt, laß uns mal wieder 'ne runde ausklönen ... freunde sein. noch mal über die alten zeiten reden. ich hab dir das bett gemacht im gästezimmer, gewappnet bis an die zehenspitzen, und dann bist du reingekommen – jeans, so ein prolounterhemd, löwenmähne und alles. hast nur gelacht und mich in die arme genommen und gesagt, was soll denn der scheiß, ich schlaf bei dir, ist doch viel gemütlicher ... 'ne zeitlang hab ich wirklich gedacht, diesmal würd ich's packen mit dir. wir hatten echt 'ne starke zeit zusammen. aber dann bist du wieder angefangen zu rennen ... wie immer. daran hat sich nichts geändert, gar nichts. du läufst immer noch vor dir und deinem leben davon. bloß, daß dir die frauen jetzt nicht mehr hinterherlaufen ... jahrelang habe ich gedacht, ich hätte die sache mit dir vermasselt. frauen suchen die schuld ja immer bei sich. tatsache. aber die anderen haben's offenbar auch nicht geschafft, dich von deinem ego-trip runterzubringen

ER: Und du? Immer noch mit dem gleichen Typen verheiratet? Hast du nicht auch ein Kind?!
das kind, das du nie gewollt hast. ich hätt's schön gefunden, so einen kleinen jo ... ich hätte mir das vorstellen können. aber bei dir gingen bei dem thema alle alarmglocken los. kleine halslose ungeheuer hast du kinder immer genannt

SIE: Ja. Mann und Kind. Ganz bürgerlich. Scheißbürgerlich gewissermaßen. Und sogar ganz glücklich. Obwohl ...
für den typen hast du mir damals den stuhl vor die tür gesetzt. unheimlich cool. ein kurzer brief, und das war's: ich glaube, das läuft nicht so mit uns, sorry. natürlich lief das nicht mit uns. was hattest du denn erwartet? aber ich fand's trotzdem scheiße. hat mich verdammt an die sache mit ina erinnert ... die hat mich auch von hier auf jetzt aus ihrem leben gekickt. zack! und ich mußte sehen, wie ich damit fertig wurde. nur, bei dir hätte ich das nie erwartet. irgendwie war ich mir deiner immer so verdammt sicher. du hast ja keine gelegenheit ausgelassen, mir zu erzählen, wie toll ich sei ... da-

nach hab ich jahrelang emotional kein bein auf den boden gekriegt. fickverhältnisse, klar, jede menge. aber dann nix wie weg. bloß nicht zu nahe rankommen lassen ... die schuld, die hab ich natürlich nur bei dir gesucht. 'n richtigen haß hab ich auf dich gehabt. zur sau gemacht hab ich dich, als du nach jahren mal wieder angerufen hast. verpiß dich, hab ich gebrüllt, ich will nie wieder was von dir hören! du hast schweigend aufgelegt. danach war ich erst mal fertig. ende, banane

SIE: ... du der einzige Mann in meinem Leben bist, den ich nie ganz vergessen konnte. Immer, wenn ich mal in Berlin war, hab ich gehofft, dich zu treffen, irgendwann, irgendwo ... Komisch, nicht? Eine endlose Geschichte. Einmal bin ich so einem Blonden sogar hinterhergelaufen. Aber du warst es nicht.
jetzt wird sie auch noch sentimental ... wahrscheinlich fängt sie gleich mit diesen ekelhaften alten weißtdunochdamals-geschichten an ... weißt du noch, wie wir uns damals zufällig auf dem ku'damm wiedergetroffen haben? weißt du noch, wie wir in dieser kleinen flohkiste von hotel in paris zusammen geschlafen haben, daß die île de la cité bebte? blablabla ... ja, verdammt, ich weiß es noch! obwohl ich wünschte, ich könnte es vergessen. aber ich krieg diese erinnerungen nicht mehr mit dieser frau da zusammen, die behauptet, paula zu sein, und ständig an ihren aufgeblondeten haa-

ren rummacht . . . das ist das ende der endlosen geschichte! yeah

Schweigen

SIE: Na ja. And the Times they are a'changin' . . . Bob Dylan. Das war mal unser Lied, weißt du noch? Alsdann . . . Ich bin spät dran. Immer in Hetze! Daran hat sich nichts geändert! Also, mach's gut. War schön, dich mal wiedergesehen zu haben!
scheiße war's! mal ganz ehrlich! das beste war der cappuccino. worüber haben wir eigentlich die ganze zeit geredet? wir haben's mal wieder vermasselt, paula! schiffe, die sich nachts begegnen . . . fuck, jetzt werde ich sentimental

ER: Ja. War schön. Laß mal wieder von dir hören. Und lauf nicht allen blonden Männern in Berlin hinterher!
nein. nur einem. und den gibt es nicht mehr

SIE: Ciao!

Fee Zschocke, *geboren 1943 in Freiberg, ist Autorin der Frauenzeitschrift »Brigitte«. Buchveröffentlichungen: »Er oder ich – Männergeschichten«/Rowohlt, »Domenica und die Herbertstraße«/Eichborn. Fee Zschocke lebt mit Mann und Sohn in Hamburg.*

Claire Marienfeld

Man(n) trägt Uniform

Kampfanzug, Feldanzug, Feldanzug Tarndruck, Dienstanzug, Gesellschaftsanzug, Sportanzug, Anzüge für bestimmte Anlässe – für jedermann ist erkennbar, was vor ihm steht. Uns begegnen Soldatinnen und Soldaten der Bundeswehr!
Uniform bedeutet Einheitlichkeit des Anzugs. Von den Disziplinarvorgesetzten der Bundeswehr erwartet die einschlägige Dienstvorschrift, daß sie für die Einheitlichkeit Sorge tragen. Doch diese Einheitlichkeit hat ihre Grenzen. Wesentliche Unterscheidungsmerkmale sind Rangabzeichen, Sterne in Gold und Silber, Balken und Litzen – Hierarchie auf Stoff gedruckt. Ich sehe Soldaten, die Leistungsabzeichen tragen, Tätigkeitsabzeichen, Sonderabzeichen, Orden und Ehrenabzeichen und Kennzeichen, die die Truppengattung und manchmal auch den Standort der Einheit erkennen lassen. Der Soldat ist nicht uniform in Uniform. Das vermeintlich einheitliche Bild der Uniformträger läßt mich den Träger als Individuum erkennen. Und als solches möchte er auch erkannt werden.

Was macht das Wesen der Uniform der Soldaten der Bundeswehr aus? Bei einem meiner Truppenbesuche, die ich fast ausschließlich unangemeldet mache, melden wir uns an der Wache an und verlangen den Kommandeur zu sprechen. Der Soldat an der Wache erkennt mich nicht. Im Gegensatz zu sonstigen Besuchen, bei denen wir nach der Anmeldung in der Regel durch den Kommandeur oder einen Stabsdienstsoldaten abgeholt werden, wird uns der Weg zum Dienstzimmer des Kommandeurs im Stabsgebäude beschrieben. Im Vorzimmer begrüßt uns der Kommandeur bei der Verabschiedung eines anderen Gastes mit den Worten: »Die Dame und der Herr vom Wehrbeauftragten, ich komme gleich zu Ihnen.« Auf den Hinweis meines Persönlichen Referenten »Das ist die Wehrbeauftragte«, erschrickt der Kommandeur. Ich muß schmunzeln und bemühe mich, ihm über das spürbare Entsetzen hinwegzuhelfen.
Bei einem Besucher in Uniform wäre dem Kommandeur dergleichen nicht passiert. Menschen in Uniform sehen und erkennen vorrangig den Menschen in Uniform. Der Blick geht auf die Schulterklappe, der Gegenüber wird in die Hierarchie eingeordnet. In der Uniform hat der Soldat aufgrund des für jedermann ersichtlichen Rangabzeichens Befehls- und Entscheidungsbefugnis gegenüber seinen Untergebenen. Der Dienstgrad weist aus, was von einem Soldaten erwartet werden kann. Der Vorgesetzte kann durch Befehl die Leistung

seiner Untergebenen verlangen. Er verantwortet auch die Durchführung seines Befehls. Und er wird in die Verantwortung genommen, wenn ein Untergebener ihm einen bestimmten Sachverhalt mitteilt – »Melden macht frei!«

Neigt man(n) nicht oft dazu, Menschen, ganz besonders aber Menschen in Uniform, in bestimmte Kategorien einzuordnen und ihnen spezielle Verhaltensmuster zuzuschreiben, die besonders durch das Tragen einer bestimmten Kleidung begründet sind? Diesem Verhalten wird vor allem durch die Mode Vorschub geleistet, die durch ihre Werbung potentiellen Käufern die Möglichkeit zu suggerieren sucht, sie könnten durch das Tragen bestimmter Kleidung ihre Übereinstimmung mit bestimmten Denkmustern zum Ausdruck bringen.

So können wir bei Soldaten wie auch bei Zivilisten durch modische Zwänge eine Art Uniformierungsprozeß verzeichnen, der vermutlich in einer allzu menschlichen Haltung begründet ist. So hält sich seit Jahren ein kleidungs- und modebezogenes Denken in »Markenartikel-Kategorien« und wird von vielen fälschlich als Ausdruck individueller Entfaltung genutzt. Eine Welle von Markenbewußtsein prägt die jeweilige Generation. Man trägt bevorzugt »XY-Turnschuhe« und »Z-Jeans«. Viele Jugendliche fühlen sich nur dann in ihrer Klasse oder Clique dazugehörig, wenn sie Jacken von »XYZ« vorweisen können. Zum Ausdruck kommt ihr Verlangen, freiwillig uni-form zu sein.

Ich habe die Erfahrung gemacht, daß eine Frau eher dazu neigt, hinter die Uniform zu schauen, den Menschen zu suchen, der in der Uniform steckt. Für Frauen sind hierarchische Ordnungen keine unverzichtbaren Größen, wie sie sich für den Mann darstellen. Der Grund für den Blick auf den Menschen, der in der Uniform steckt, könnte darin liegen, daß die Welt der Soldaten, in die die Frau als Soldatin eintritt, für sie ein fremder Lebensraum ist, den Männer gemacht haben.
Auch Soldaten verhalten sich in ihrer Einstellung zur Mode nicht anders als zivile Bürger. Der Rahmen ihrer Entscheidung ist allerdings wesentlich enger als im zivilen Bereich, die Möglichkeiten zu individueller Bekleidung sind durch die militärische Kleiderordnung festgelegt. Seit erste Verbände der Krisenreaktionskräfte statt des olivfarbenen Kampfanzuges mit dem gefleckten »Feldanzug Tarndruck« ausgestattet wurden, geht eine Welle der Begehrlichkeit durch die Truppe. Nicht nur, weil die Trageeigenschaften dieses Kleidungsstückes besser sind, sondern weil dieser Feldanzug auch besser als viele Tarnuniformen unserer alliierten Verbündeten aussieht und persönliche Eitelkeiten zu befriedigen vermag. Überall dort, wo die Umkleidung aus finanziellen Gründen noch nicht erfolgen konnte, argwöhnen Soldaten, nur »zweite Klasse« zu sein. Die Soldaten der Bundeswehr – Spiegelbild der Gesellschaft – wollen freiwillig uniform sein? Uniform muß also mehr sein als ein

strapazierfähiges, schützendes und wärmendes Kleidungsstück; diesen Zweck erfüllt die alte Uniform auch.

Uniform signalisiert Gleichheit. Der Einzelne muß seine Individualität zurückstellen und gibt als Uniformträger nach außen zu erkennen, daß er zu einer bestimmten Gruppe Gleichgesinnter gehört und sich einem gemeinsamen Ziel unterordnet. In früheren Zeiten statteten Adelige die Soldaten, die sie auf dem Feldzug begleiteten, mit Uniformen nach ihrer Vorstellung aus. In der Bundeswehr sollen nicht soziale Unterschiede, nicht Herkunft, nicht unterschiedliches Bildungsniveau das soldatische Miteinander stören. Das ist das Besondere an der Uniform der »bürgerlichen« Bundeswehr.

Uniform ist also das äußerlich sichtbare Band einer Gemeinschaft, deren Erleben gerade jungen Wehrpflichtigen als das Besondere ihrer gemeinsamen Grundausbildung erscheint. Der Grundsatz »Einer für alle, alle für einen« findet, wenn überhaupt, in der Bundeswehr noch am ehesten statt. Was positiv zählt für viele Wehrpflichtige, ist die Zurückstellung ihrer individuellen Neigungen, die sie bisher in der Gesellschaft, in ihrer Schulzeit oder Lehre gepflegt haben. Werden dort Ellenbogen eingesetzt, um das eigene Ziel zu erreichen, ist eine Voraussetzung erfolgreichen Dienstes in der Bundeswehr, gemeinsam als Gruppe zu denken und zu handeln. Ein solcher Anspruch fördert das »Vertrauen auf den jeweils anderen«. Im positiven

wie im negativen Sinn ist der Gruppenerfolg sicherlich für viele ein vollkommen neues Erlebnis. Positiv – wenn mutiges Verhalten gefordert wird, wenn gemeinsam die Grenzen der eigenen Leistungsfähigkeit erreicht werden, wenn alle mitmachen und keiner »sich hängen läßt«. Negativ – wenn der Einzelne Entscheidungen zurückstellen kann, weil andere notwendige Entscheidungen und Verantwortung übernehmen und/oder wenn der Gruppendruck den Einzelnen überfordert. Ich habe erfahren, daß nicht selten das Gemeinschaftserlebnis der Soldaten oft erst nach genügendem Abstand als das Positivste ihres Dienstes empfunden und darüber berichtet wird.
Was macht die Uniform aus dem Mann? In wilhelminischer Zeit war die Uniform des Offiziers Statussymbol, Glanz- und Schmuckstück des Mannes. Der Soldat gab sich gepflegt vom Scheitel bis zur Sohle. Da die Uniform eine persönliche Individualisierung kaum zuließ, versuchte der Soldat wilhelminischer Prägung an demjenigen Körperteil Unterscheidungsmerkmale anzubringen, an dem ihm die Uniform noch Raum ließ: im Gesicht. Schnurrbärte, als besonderes Zeichen der Männlichkeit sehr individuell getragen, waren wahre Kunstwerke; man(n) war eben Offizier.
Der Soldat, besonders der einfache Soldat, war in jener Zeit ein reiner Befehlsempfänger. Individuelles Denken oder Kritik an den Vorgesetzten durfte es nicht geben. Dort aber, wo Widerspruch in zar-

ten Ansätzen doch entstand, wurde er sogleich durch Strafe oder Schikane im Keim erstickt.
Der Soldat der Bundeswehr, so wollten es die Väter der Wehrverfassung, sollte »Bürger in Uniform« sein. Mit dem Begriff »Bürger« wollte man nach außen dokumentieren, daß der Interessen-, Meinungs- und Wertepluralismus unter den Soldaten der Bundeswehr erhalten bleiben sollte.
Heute scheint alte Uniformeitelkeit wieder neu zu entstehen, wenn einige Offiziere sich in maßgeschneiderten Uniformen präsentieren. Die täglich getragenen Uniformen der Bundeswehr lassen für derartige Eitelkeiten keinen Raum. Schmucklos, auf Tragekomfort ausgelegt, zeigen Kampfanzug und Dienstanzug nur schlichte Zweckmäßigkeit. Für Soldatinnen und Soldaten der Bundeswehr gilt dieselbe Anzugsordnung: Mit der vorgeschriebenen Uniform dem anderen Geschlecht imponieren zu können, fällt schwer; vielleicht entfällt auch das Imponieren-Wollen.
Carl Zuckmayer hat im »Hauptmann von Köpenick« nicht nur anschaulich geschildert, welchen Eindruck der Schuster Voigt in Uniform auf seine obrigkeitshörige Umwelt machen konnte. Er hat auch beschrieben, welcher Ruck durch diesen armen, kleinen Mann ging, wenn er »sich in Uniform warf«. Er schlüpfte in eine andere Rolle, richtete sich auf, ging mit geradem Rücken, seine Stimme war fest und befehlsgewandt. Für dieses »Korsett« genügten Mantel, Degen und Mütze.

Wie sehr das Tragen einer Uniform das menschliche Verhalten einer Gruppe verändern kann, konnte ich auf einer Bahnreise erfahren. Ich habe junge Wehrpflichtige in Uniform beobachtet, die zu einem Lehrgang unterwegs waren – nicht laut und lärmend, wie einige Wochen zuvor Soldaten in Zivil, die auf ihrer Wochenendheimfahrt mit der Bahn waren. Ich konnte sie nur deshalb als Soldaten erkennen, weil sie ihre Wäschesäcke mit sich trugen.
Lange habe ich mir überlegt, ob man(n) sich mit dem Anlegen der Uniform in ein körperlich spürbares »Pflichten-Kosett« zwängt, das einen momentanen Bewußtseins- und Verhaltenswandel beim Uniformträger verursacht. »Kleider machen Leute« ist dabei sicherlich nur ein Aspekt. Ich bin mir sicher, daß mit dem Anlegen der Uniform auch für jeden einzelnen Soldaten sehr deutlich das Bewußtsein zurückkehrt, Teil einer Gemeinschaft zu sein, die er als einzelner nach außen militärisch repräsentiert. Insofern bindet die Uniform den Träger an den moralischen Anspruch, den die Gemeinschaft und im weitesten Sinne auch der Staat an ihn stellen.
Ich habe jedoch auch oft die Gelegenheit, Soldatinnen in Uniform zu beobachten. Aus meiner Sicht als Frau beurteilt, fühlen sie sich in ihrer Uniform wohl. Sie stehen im militärischen Auftreten den Männern nicht nach. Von besonderem Interesse ist für mich die Reaktion der Männer in

Uniform auf ihre uniformierten Kameradinnen. Seit Jahrzehnten konnten sich nämlich männliche Uniformträger bei ihren Auftritten in der Öffentlichkeit der Aufmerksamkeit der Zivilisten sicher sein. Gelegentlich brachte ihnen gerade der weibliche Teil der Bevölkerung leise Anerkennung, gelegentlich aber auch offen gezeigte und spürbare Bewunderung entgegen.
Mit den ersten Frauen in Uniform ist den Soldaten hier Konkurrenz erwachsen. Die starke öffentliche Präsenz der Soldatinnen in der Presse bestätigt meine Beobachtung. Auch die Bundeswehr selbst läßt sich vielfach durch Soldatinnen in der Öffentlichkeit repräsentieren. Im Feldanzug als Frau erkennbar, ist im Kampf um Beförderung und Karriere die »Waffengleichheit« zwischen Mann und Frau dahin. Trotz äußerlicher Gleichheit in Uniform ist das Spannungsverhältnis zwischen Mann und Frau mal mehr und mal weniger spürbar. Der Sturm auf die letzte Männerbastion hat nach Meinung vieler Soldaten begonnen.
Danach befragt, wie sie das zunehmend starke Interesse der Frauen am Dienst in der Bundeswehr bewerten, sind Soldaten hin- und hergerissen. Ob Frauen in die Bundeswehr als letzte festgefügte männliche Domäne eindringen wollen, oder ob sie es in allem den Männern nur gleichtun wollen – so recht weiß man(n) nicht, was man(n) davon halten soll. »Es gibt mit Soldatinnen nicht mehr Probleme, sondern nur andere.«

Argwöhnisch registrieren uniformierte Männer jede vermeintliche Benachteiligung und Ungleichbehandlung, die sie hinter ihre weiblichen Kameraden zurückzusetzen scheinen. Häufig kritisieren sie zum Beispiel, daß ihren Kameradinnen das Tragen dezenten Schmuckes erlaubt, ihnen hingegen das Tragen von Kettchen und Ohrringen untersagt ist. Viele Soldaten argumentieren, daß heute solcher Schmuck auch für Männer selbstverständlich sei. Ich bin jedoch der Meinung, daß es ihnen in erster Linie um die Gleichbehandlung mit den Soldatinnen und letztlich um den Abbau tatsächlicher oder vermeintlicher Privilegien geht.
Da ist zum Beispiel auch der kleine Unterschied »w«. In vielem zwar gleich, so signalisiert doch der Zusatz (w) zum Dienstgrad dem Betrachter von Dienstplänen, daß es sich hier um einen weiblichen Soldaten handelt. Wiederholt bin ich auf Soldatinnen gestoßen, die auf Beibehaltung dieser Kennzeichnung großen Wert legen. Oder: Bei einem Truppenbesuch fiel mir eine eher unscheinbare Soldatin auf. Danach befragt, wie es ihr gehe und ob sie nicht lieber noch weitere Frauen in ihrer Einheit haben wolle, antwortete sie: »Nein, lieber nicht. Hier bin ich jetzt die einzige. Und das soll auch so bleiben!«
Weniger Schwierigkeiten haben die Soldaten, weibliche Vorgesetzte zu akzeptieren. Die militärische Hierarchie stellt nur auf den höheren Dienstgrad, nicht auf das Geschlecht ab. So wurde mir

beim Besuch eines Sanitätsbataillons eine Übung vorgeführt. Der Gruppenführer, ein Unteroffizier (w), klein und zierlich, stand vor seinen langen Rekruten. Bestimmt gab die Soldatin ihre Befehle, forderte von ihren Soldaten auch körperlichen Einsatz und war schließlich mit dem Ergebnis zufrieden. Auf meine Frage an die junge Dame, weshalb sie Soldat geworden sei, kam – sehr spontan – die Antwort: »Wo kann ich denn sonst noch so vielen Männern befehlen?«

Auch die jungen Rekruten zeigten keine Akzeptanzprobleme mit ihrer Vorgesetzten. In der Bundeswehr schreitet diese Entwicklung langsam voran. Der Anteil weiblicher Soldaten wird von Jahr zu Jahr größer. Junge Männer erfahren diese Entwicklung in vielen Bereichen täglich. Ich wage die Behauptung, ältere hätten damit ihre Schwierigkeiten. Das Phänomen »Machtausübung in Uniform« findet sich also bei Männern und Frauen gleichermaßen.

Wenn ich auch gelegentlich Spannungen zwischen Soldatinnen und Soldaten in der Bundeswehr beim Ringen um Gleichberechtigung zu erkennen vermag, gibt doch die Bundeswehr insgesamt ihren uniformierten Frauen die Möglichkeit, gleichberechtigt mit Männern zu arbeiten – wenn sie es denn wollen.

Claire Marienfeld, *Jahrgang 1940, Wehrbeauftragte des Deutschen Bundestages. Engagierte sich in der CSU, später in der CDU für Frauenfragen und kommunale Aufgaben. 1989–1991 stellvertretende Bürgermeisterin in Detmold. 1990–1995 Mitglied des Bundestages und des Verteidigungsausschusses. Verwitwet, zwei Söhne.*

Petra Reski

Vier Schmähreden an den Mann

Es gibt Dinge, die man nicht oft genug beklagen kann. Dazu gehören verregnete Sommer und mangelnde geistige Flexibilität von so manchem Mann. Beides legt sich wie ein nasses Handtuch aufs Gemüt. Nuancen sind im männlichen Schaltplan nicht vorgesehen, und was einmal programmiert ist, läßt sich aus Männerhirnen nicht mehr löschen. Zwar versetzt diese spirituelle Eindimensionalität Männer zumindest in die Lage, der Auspuffanlage eines Heinkel-Rollers auch noch das letzte Geheimnis zu entlocken oder auf Zuruf den Tabellenstand der Bundesliga im März 1964 herunterzuspulen, ohne zu stottern – gewiß unverzichtbare Qualitäten, dennoch nicht alles im Leben. In der Erotik beispielsweise ist die mangelnde männliche Elastizität (in der Fachliteratur auf den Begriff MME-Syndrom verkürzt) so lästig wie ein Kropf. Auf ewig und alle Zeit sind in Männerköpfen Überzeugungen eingebrannt, die ihnen vielleicht Dr. Sommer oder Oswalt Kolle oder der Masseur oder der Handballtrainer eingebimst haben. Dazu gehören: daß Frauen nach einem Nachspiel und nach ungewöhnlichen Küssen verlangen, daß sie völlig der Ekstase verfallen, wenn ihr Körper als Obstteller dient, und über bestimmte, strategisch wichtige Punkte im Körper verfügen, die vom Mann zu finden und zu betätigen sind. Weil wir die Hoffnung auf die zumindest partielle Lernfähigkeit des Mannes nicht aufgeben, sei hier ein für allemal die Wahrheit gesagt. Also: Männer! Das ist völliger Käse!

Fangen wir mit dem Mythos des Nachspiels an. Der muß zu Zeiten der Aufklärungsschnulze »Helga« entstanden sein, als sich die Frauen noch nicht die Beine rasierten und die Männer doppelgerippte Unterhosen mit seitlichem Eingriff trugen. Diese Zeiten sind vorbei! Keine normale Frau will nach einem (das setzen wir hier jetzt einfach mal voraus) befriedigenden Liebesakt noch begrabbelt werden, und erst recht nicht will sie – »War es schön für dich?« – darüber reden. Sie will gefüllte weiße Schokolade von Lindt essen oder eine Fernseh-Show sehen oder sich einfach zusammenrollen und einschlafen. Und, so bitter das ist: Auch das beste Nachspiel kann ein schlechtes Vorspiel nicht mehr herausreißen.

Ebenso lästig wie der Kampf gegen den engagierten Nachspieler ist der gegen den offensiven Küsser. Es gibt Männer, die haben irgendwo gelesen, daß Frauen gerne geküßt werden, und zwar nicht nur auf den Mund. Dies ist, wie so vieles, im Prinzip richtig. Aber, das sei mit Entschiedenheit gesagt: Auf die erotisierende Wirkung vom Zehennuckeln setzen nur Texaner. Und in Texas, das muß jetzt enthüllt werden, pflanzt man sich durch eine Art von ungeschlechtlicher Teilung fort. Ähnlich wie die zwittrigen Schnirkelschnecken. Da spielt der Zeh eine entscheidende Rolle. Aber das ist nichts für den Mitteleuropäer, sondern nur etwas für die texanischen Schnirkelschnecken.

Auch der sich epidemisch ausbreitende Ohrläppchenlutscher wird von Frauen nicht geschätzt. Männer! Für so was sind Q-Tips da! Aber hat sich ein Mann erst mal inspirieren lassen, bringen ihn Tod und Teufel nicht mehr davon ab. Simple Filmchen wie »9 1/2 Wochen« oder einfach gestrickte Bücher wie »Der einzige Weg, Oliven zu essen« sind noch heute für den Wahn verantwortlich, beim Sex gnadenlos lustfuttern zu müssen: Erdbeeren im Bauchnabel, Oliven zwischen den Lenden, Honig auf den Schenkeln, Petersilie im Ohr. Will man das? Ist eine Frau ein Spanferkel? Nein!

Dann: der Pfadfinder! Hat mal was von G- und U-Points gelesen und verbringt seither seine Zeit auf der Suche nach Punkten. Er wird sie nicht finden, und das ist gut so. Schlimm ist nur, wenn er sich in Ermangelung anderer Punkte zum berüchtigten Knubbler entwickelt, der nervös mit der Brustwarze wie mit einem vertrockneten Gummibärchen spielt.

Aber das Schlimmste, ja, das Allerschlimmste ist

der kleine Orgasmusforscher. Vor ihm muß man sich hüten. Sherlock Holmes im Bett! Er hat irgendwo gelesen (»Wenn Männer zuviel lesen«), daß auch Frauen nach einem Orgasmus verlangen. Und da ist sein Ehrgeiz erwacht. Seine Indizienkette läßt keine Lücke. Ihre Atemgeschwindigkeit entgeht ihm genausowenig wie der Schweiß auf ihrer Stirn. Mit einer Kennerschaft, die nur ein bretonischer Pferdehändler aufbringt, prüft er nach: Bleibt ihre Zunge kalt? Sind die Handflächen kühl? Ein Mann spüre deutlich, wenn »die kleinen Flaggen wehen«, wie Henry Miller das ausdrückte. Da hat Miller wohl gerade einen schlechten Tag gehabt. Es soll ja auch schon Männer geben, die den Orgasmus vortäuschen. Wir finden das völlig in Ordnung: Die schauspielerische Leistung soll endlich honoriert werden. Das verstehen Sie jetzt wieder nicht? Gerade eben haben Sie erst gelesen, daß Frauen auch einen Orgasmus ...? Okayokayokay. Mit Männern ist es eben genauso wie mit verregneten Sommern.

Aber wir Frauen wollen nichts leugnen: Es stimmt, daß wir es waren, die nach mehr Zärtlichkeit und Liebkosungen verlangten, nach Sinnlichkeit und vielleicht Leidenschaft, von Wollust ganz zu schweigen, und irgendwann fiel der fatale Satz: Streichel mich. Das war natürlich der Anfang vom Ende. Denn die Männer dachten sich: Wenn's weiter nix ist! Bis dato erschöpfte sich zwar ihr Ausdruck höchster Zuneigung in einem Tätscheln, das

irgendwo zwischen Erstkläßler-über-das-Haar-Streichen und Wohlwollend-den-Rücken-eines-alten-Schäferhundes-Klopfen lag. Aber dann wurde gestreichelt bis aufs Blut: An uns soll es nicht liegen! Jeder Frau ihr Schälchen Haferflocken! In Scharen mutierten Männer zu sensiblen Schmusekätzchen, depressiven Dauerstreichlern und rheumatischen Ringelschwänzchen, auf den Lippen immer ein »Tut das nicht gut?«, bis keine Frau mehr zwischen Sex und Shiatsu, zwischen Männern und Fußreflexzonen-Masseuren unterscheiden konnte. Das waren die einen. Die anderen streichelten immer noch so, als würden sie die Frühstückskrümel von der Zeitung streichen.
Wir leben zwar heute in Zeiten des Wonderbras, aber auch wenn sich die Frauen den Busen bis unters Kinn schnüren, hat sich im wesentlichen nichts geändert: Der Sinn des Streichelns hat sich den Männern bis heute nicht erschlossen. Die meisten halten es immer noch für Unfug und Zeitverlust. Aber man möchte ja auch nicht als Frauenfeind gelten, also wird getätschelt. Da gibt es die Suchdienst-Streichler, die sich von Planquadrat A zu Planquadrat C vorarbeiten, nimmermüde Wünschelruten-Streichler mit Händen wie ein Luffa-Schwamm, mit kreisförmigen Bewegungen immer auf der Suche nach der erogenen Zone, die Einheiten-Zähler, die nach fünfmal Knietätscheln und dreimal Busenzwacken in den verdienten Schlaf sinken. Oder die Aufrechner, die ihrer Geliebten

dreimal den Unterarm kraulen, um dann wie ein Maikäfer auf den Rücken zu fallen und »Jetzt bin ich dran!« zu schreien. Gefürchtet sind auch die Dermatologen, die (»Hier hast du ja ganz rauhe Haut, du mußt dir das morgens mit Linola-Fettcreme einreiben!«) den Po ihrer Auserwählten mit akribischem Forscherehrgeiz ergründen und bei der Gelegenheit auch gleich jede Hautfalte auf maligne Melanome untersuchen (»Das solltest du dir demnächst wegmachen lassen, man liest ja heute so viel über Hautkrebs«) und ihre Hand nicht über die Oberschenkel gleiten lassen können, ohne dabei auch gleich den Cellulitis-Kneiftest (»Ich hab gehört, daß kalte Wassergüsse ganz gut dagegen sind«) durchzuführen. Und der Hektiker, der seine Hand wie eine nervöse Wüstenspringmaus von Zeh zu Schulterblatt huschen läßt, darf ebensowenig verschwiegen werden wie der Klempner, der mit starrem Blick auf das Kosten-Nutzen-Verhältnis hier schraubt, da hämmert, dort drückt – schließlich hat er den Ehrgeiz, den weiblichen Körper wie einen Wasserboiler zum Funktionieren zu bringen.

Es hilft nichts: Männer sind funktionale Streichler. Kein Fingerstrich darf umsonst sein. Zweckfreies, selbstvergessen-sinnliches Streicheln, pfauenfederleichtes Liebkosen – das gibt's nur im Kinderzoo.

*

»Die Hälfte der Rechnung übernehme ich«, sagte er großmütig zum Kellner, der vor Ungeduld bereits eine blanke Stelle in das Parkett gescharrt hatte. »Einhundertdreiundvierzig geteilt durch zwei sind?« Da legte ihm seine Begleiterin beruhigend den Arm um die Schulter und sagte: »Laß mal, ich mach' das schon.« Er atmete kaum hörbar auf und stieß ein erleichtertes »Ja, wenn du meinst« hervor. Beim Hinausgehen hörte man noch, wie er sie mahnte: »Du hast dem Kellner aber zuviel Trinkgeld gegeben.«

Und nicht nur das, möchten wir anfügen. Sie hat auch den ganzen Abend an ihrem Feuerzeug genestelt, weil er ja Nichtraucher ist, sie hat ihren Mantel selbst in die Garderobe gebracht, weil er seine Lederjacke ja immer nur über den Stuhl hängt, und hat als Begrüßung ein »Siehst ja ziemlich abgekämpft aus« hingenommen. Denn seitdem sich die Männer emanzipiert haben, wissen sie: Ist man erst mal zum Feministen mutiert, lebt sich's richtig ungeniert! Endlich eine Möglichkeit, um ihre angeborene Kniepigkeit ideologisch zu verbrämen (»Ich will nicht, daß du dich von mir abhängig fühlst«), und es wird geknickert, daß es nur so kracht.

Natürlich ist es vermessen zu glauben, daß ein Mann für den Preis von zwei Gläsern Chardonnay einer Frau die Unabhängigkeit abkaufen könnte. Bar jeden Realitätssinns ist es auch, darauf zu spekulieren, daß sie sich nach seiner Investition in ein

Drei-Gänge-Menü gar verpflichtet fühle, mit ihm die Nacht zu verbringen – zumal er sie schon den ganzen Abend gelangweilt hat. Geradezu beschämend ist es, Frauen für solche Simpel zu halten, die in getrennten Rechnungen einen Akt der Selbstverwirklichung sähen.

Mag sein, daß es zur Zeit der Suffragetten als revolutionäre Tat galt, die Rechnung selbst zu bezahlen, aber heute? Heute widerspricht es einer in Vergessenheit geratenen Grundregel, die da lautet: Eine Prinzessin zahlt nie selbst!

Frauen sind in 99 Prozent aller Fälle schöner als die Männer, die ihnen gegenübersitzen. Frauen duften nach Chanel, haben ein reizendes Lächeln, sie sind nun mal das schöne Geschlecht. Das ist vielleicht ungerecht, aber wer sich da beschweren will, muß sich schon an eine höhere Stelle wenden. Und für die Ehre, mit diesem Wesen kostbare Minuten teilen zu dürfen, muß der Mann eben zahlen. Schließlich ergibt sich auch die Frage: Was, in Gottes Namen, sollen Männer schließlich sonst mit ihrem Geld anfangen? Soll man zusehen, wie sie sich für mundgeblasene Mountainbikes und handgedrechselte Hondas ruinieren?

Hätte sich die Unart der getrennten Rechnungen schon früher verbreitet, die Weltliteratur – sie wäre keine. Proust hätte die Suche nach der verlorenen Zeit nach wenigen Zeilen einstellen müssen, hätte er geschrieben: »Nachdem sie Austern und Kaviar gespeist hatten, ließ Swann die Rechnung

kommen. ›Ich zahl' den Kaviar, zahlst du den Rest?‹ fragte er die Herzogin von Guermantes.« Und Hollywood wäre schon längst in Bedeutungslosigkeit versunken, hätte Humphrey Bogart zu Ingrid Bergman gesagt: »Übrigens, Kleines, du hast vergessen, deinen Champagner zu bezahlen.«
Hinter der Krämerseelenmentalität geiziger Männer verbirgt sich ein Abgrund. Wahrscheinlich haben sie in der analen Phase ein traumatisches Erlebnis gehabt und sind seither bemüht, immer alles festzuhalten – vor allem ihr Gehalt. Einer, der nur für sich selbst zahlt, sieht sich meist als Nabel der Welt, ist hypochondrisch veranlagt (hat er nicht auch den ganzen Abend darüber geklagt, daß »sein Hals seit Tagen so verschleimt ist«?). So einer sucht nach einer Frau, die bei ihm ihr Florence-Nightingale-Syndrom auslebt.
Das alles wollen wir jedoch nicht. Deshalb gilt es, in der Minute der Wahrheit, wenn der Kellner mit dem Geldbeutel klimpert, eine gewisse Geistesgegenwart zu behaupten. Man kann es mit dem Kanzler halten und die Angelegenheit aussitzen. Man kann sich die Nase pudern, die Lippen nachziehen und ihm aufmunternd zulächeln. Passiert immer noch nichts, oder ist er gerade mit der Lösung eines kniffligen Dreisatzes beschäftigt (»Anderthalb Liter Sauvignon kosten 69 Mark, wieviel kosten vier Achtel?«), kann man die, wenngleich auch unelegante, Flucht nach vorne ergreifen und laut fragen: »Soll ich etwa selbst bezahlen?«

Antwortet er mit »Ja«, dann ist sowieso alles egal, und man kann ihm immer noch den Rest Sauvignon in den Kragen gießen. Verlangt er lauthals nach einer »Fiskus-tauglichen« Rechnung, möglichst ohne Datum, sollte man diesen Buchhalter mit seinem Spesenkonto alleinlassen: Es versteht sich von selbst, daß sich eine Prinzessin zwar absetzt, aber nicht absetzen läßt. Täuscht er gar Unpäßlichkeit vor und verschwindet im entscheidenden Augenblick auf die Toilette, dann heißt es, Ruhe zu bewahren, eiskalt zu lächeln, den Kellner um Nachsicht zu bitten und schließlich mit fester Stimme den magischen Satz »Der Herr zahlt« zu sprechen.

Zum Schluß nur noch Schillers Prinzessin von Eboli für die Herren, die immer noch ideologische Bedenken haben:

»Wie schwach
von diesen starken Geistern! Weibergunst,
Der Liebe Glück der Ware gleich zu achten,
Worauf geboten werden kann! Sie ist
Das Einzige auf diesem Rund der Erde,
Was keinen Käufer leidet als sich selbst.
Die Liebe ist der Liebe Preis.«

Nur Mut!

*

Männer können nicht schreiben, so geht's doch schon mal los. Der gemeine Feld-, Wald- und

Wiesenmann läßt Faxe von seiner Sekretärin schreiben, und unter die von seiner Frau geschriebenen Urlaubspostkarten kritzelt er drei Kreuze. Das ist im Grunde kein großer Verlust, und eigentlich könnte er sein mickriges Schreibtalent auch weiterhin unbemerkt und folgenlos verdorren lassen, wenn nicht regelmäßig im Leben eines Mannes die Hormone drücken würden und ihn das Bedürfnis verspüren ließen, einen Liebesbrief schreiben zu müssen. Dagegen ist keiner gefeit, so etwas kann noch bis ins hohe Alter vorkommen. Aber eins muß klar sein: Sätze wie »Marmor, Stein und Eisen bricht, aber unsere Liebe nicht« darf man nur schreiben, wenn man nicht älter ist als sechs.

Schon mit der Anrede kann sich einer endgültig ins Aus katapultieren: »Mein Schatz/Goldschatz/Liebling/Chérie/Honey/Darling/Liebes/Schnukkelchen/Häschen« schreibt er, denn etwas anderes als die Konfektionsware haben die meisten Männer nicht im Angebot. Dabei sagt man »Darling« nur, wenn man »Ein Bayer auf Rügen« ist, »Honey« ist selbst Barbara Cartland zu blöd, und »Cherie« ist nur dem erlaubt, der auch *Un chasseur qui sait chasser sait chasser sans son chien* dreimal hintereinander ohne zu stottern herauskriegt. Georg Christoph Lichtenberg sprach seine Frau Margarethe mit »Wohlgeborene, insonders Hochzuehrende, liebe Hexe« und »liebe Bett-Schwester« an. Das hat was! Aber Männer lesen nicht Lichtenberg, sondern Lebenshilfe-Ratgeber. Bücher wie »Tausend legale Steuertricks« oder »Selbst ist der Mann« oder »Nie wieder Einschlafprobleme!«. Männer lesen auch furchtlose Enthüllungen wie »Der Ehrliche ist der Dumme« oder »Das Kartell der Kassierer«. Aber dann hört's schon wieder auf, und man muß sich ja wirklich nicht wundern, daß da nichts herauskommt, so rein schreiberisch gesehen.

Wenn Männer also richtig in sich wühlen, kann nur das Schlimmste befürchtet werden. Dann dringen Sätze von erhabener Banalität ans Licht. Sätze wie »Ich denk an Dich und wäre gern bei Dir«. Oder: »Die Zeit ohne Dich war doch sehr einsam«. Oder: »Ich hab' Dich auch in der Ferne lieb«. Oder – doitsche Sprach, schwäre Sprach – »Ich möchte Dich umfassen und umringen«. NEIIIN! Aus! Auch wenn es sich um einen Mann handelt, der sonst über alle handelsüblichen Reize verfügt (Knackhintern, unbehaarte Nasenlöcher, goldene American-Express-Karte), rollen sich bei solchen Sätzen jeder Frau die Fußnägel hoch.

Andere Liebestrunkene wiederum schildern ohne Erbarmen jedes Detail ihres bedeutungslosen Alltags: »Heute abend wird die Arbeitsgruppe ›Erschließung neuer Märkte‹ wieder bis in die Nacht dauern. Ich glaube nicht, daß man mit dem neuen Abteilungsleiter eine gute Wahl getroffen hat.« Solche Schlaftabletten muß man sofort zum Schweigen bringen.

Nun kann man einwenden, daß selbst Goethe Charlotte von Stein nicht mit seinem Alltagsklimbim verschonte: »Morgen hab' ich die Auslesung, dann will ich mich in das neue Schloß sperren und einige Tage an meinen Figuren bosseln. Am Fünften treff ich in Apolda ein . . .« Und Charlotte wird gedacht haben: Herrgott, was geht mich der Scheiß an? Ja, ja, der Dichterfürst. Auch nur ein Mann. Immerhin reißen ihn Sätze wieder raus wie »Deine Liebe ist mir wie der Morgen- und Abendstern. Er geht nach der Sonne unter und vor der Sonne wieder auf.« Oder: »Lebe wohl, Du süßer Traum meines Lebens. Du Schlaftrunk meiner Leiden.«

Unerträglich sind die Krittler, Nörgler und Jammerlappen unter den Liebesbriefschreibern: »Schatz, sag es mir, was hab' ich denn schon wieder falsch gemacht? Oder bist Du nur nicht in Stimmung, mir zu schreiben?« Brrk! Jammerlappen wollen immerzu etwas »hinterfragen« und finden es wichtig, ungeachtet der Tatsache, daß wir uns nicht mehr im Jahre 1978 befinden, »an der Beziehung zu arbeiten«.

Nörgler gab es zu allen Zeiten. Der Wiener Dramatiker Ferdinand Raimund führte zwar das Wiener Volksstück in ungeahnte Höhen, aber bei seiner Geliebten Toni Wagner entpuppte er sich als Krittler und langweilte sie bereits 1826 mit Ermahnungen wie »Vielleicht täusch' ich mich, aber ich glaube, daß Du seit längerer Zeit nicht mehr so ganz wie einst von der Eitelkeit frei bist, Dich bewundern zu lassen. Verzeih mir, wenn ich Dir Unrecht tue, aber Liebende sehen alles durchs Vergrößerungsglas.« Verdammt! Raimund! Sechs Bände Gesammelte Werke und dann dies! Ermahnungen gehören so wenig in einen Liebesbrief wie Sandkörner in den Lippenstift.

Ganz anders Ludwig Börne. Der schrieb seiner angebeteten Jeanette Wohl: »Abendwolf, Bartgeier, Curassaospinne, Elster, Ente (gemeine), Ente (türkische), Faultier, Gänsefuß, Hofdame, Knurrhahn, Medusenstern, Menschenfresser, Natter (ägyptische), Natter (gehörnte), Natter (gemeine), Otter, Paradiesvogel, Prachtkäfer, Würger (grauer), Würger (tyrannischer), Zuckertierchen ... Ah, jetzt ist mir die Brust ganz leicht! Aber auch kein gutes Wort wird geschrieben, bis ich einen Brief von Ihnen bekomme, bis Sie sich verteidigt und gereinigt haben. Adieu.«

So etwas ist Liebe. Alles andere ist Einbildung.

*

Also, mit Bäuchen kennen wir Frauen uns aus. Weich und warm und kugelig. Die Franzosen nennen den Frauenbauch zärtlich *coussin d'amour*, Liebeskissen. Und dieses Liebeskissen ist der Frau ebenso angeboren wie die Fähigkeit, auf Zehn-Zentimeter-Absätzen Tango zu tanzen und schnarchende Männer ertragen zu können.

Mit ihren Bäuchen wissen die Frauen allerhand anzufangen, Bauchtanz ist da nur ein Aspekt. Bei Männern hat das schon immer Neid ausgelöst. Gierig starren sie auf die Stelle, wo bei Frauen ein weiches Pölsterchen sitzt. Und was mußten sie bei sich selbst feststellen? Eine riesige Kuhle, die vom Rippenbogen bis zu den Hüften klaffte. Da vergossen sie bittere Tränen. Und wenn sie nicht endlich auch einen Bauch gekriegt hätten, dann wären sie immer noch ganz untröstlich.

Machen wir es kurz: Der Bauch ist der Versuch des Mannes, sich der Frau anzugleichen. Und das hat er mit dem Nilbarsch gemein. Untersuchungen aufmerksamer ägyptischer Biologen haben nämlich ergeben, daß sich der männliche Nilbarsch in den letzten Jahren phänotypisch dem Weibchen angeglichen hat. So sehr, daß man den Nilbarsch-Mann mit bloßem Auge nicht mehr von der Nilbarsch-Frau unterscheiden kann. Biologen vermuten die Umweltverschmutzung dahinter. Östrogen im Nilwasser und Quecksilber im Schlamm und Kadmium und Nitrat und Asbest und was weiß ich hätten aus dem Mann eine Frau gemacht. Kann sein. Allerdings scheinen hier die Biologen wieder mal völlig die männliche Nilbarsch-Psyche zu vernachlässigen. Was, so fragen wir, wenn der Nilbarsch qua alleiniger Willenskraft zum Weib mutiert ist? Und was, wenn sich dahinter verbirgt, daß sich der Nilbarsch Darwins Entwicklungstheorie (»Nur die Besten kommen durch«) zu eigen gemacht hat? Nicht auszudenken.

Zurück zum Mann. Der lebt in einer Welt, in der sich bereits Siebenjährige weigern, ihren Vätern SCHON WIEDER den Unterschied zwischen Compuserve und Internet zu erklären. Viele Männer brechen weinend bei dem Versuch zusammen, mit dem Powerbook ein Fax zu schicken. Noch vor wenigen Jahren hätten sie ihre Familie damit beeindrucken können, den elektrischen Rasenmäher zu beherrschen. Und heute? Vorbei sind die goldenen Zeiten! Was bleibt?
Das ist der Augenblick, in dem viele Männer beschließen, zur Frau zu werden. Manche mutieren schon gleich nach dem Abitur, andere während der Schwangerschaft ihrer Frau. Spätzünder erst um die Lebensmitte herum: Wenn sie sich eingestehen, daß ihnen der Job als Marketing-Leiter von Wüstenrot doch keine Gänsehaut mehr verschaffen kann. Dann lassen sie sich heimlich einen Bauch wachsen. Aber wie das so ist mit Original und Fälschung: Die Männer kriegen ihn einfach nicht hin, den Bauch. Bei den einen sieht er aus wie ein falsch umgehängter Rucksack. Anderen wächst, unter Außerkraftsetzung der Schwerkraft, kegelförmig aus der Leibesmitte heraus der Spitzbauch, wie wir ihn auch aus alten Wilhelm-Busch-Zeichnungen kennen. In Einzelfällen fängt der Bauch schon kurz hinterm Kinn an, öfter jedoch verläuft er wie ein Gummipuffer um den Körper herum, ein Modell, das man im Rheinland auch »Stau am Mittleren Ring« nennt.

Anthropologen haben in diesem Zusammenhang (das aber nur am Rande) die interessante, wenngleich bis heute unerklärliche Beobachtung des variablen Beins gemacht. Die Länge des Beins verhält sich immer proportional zum Bauchumfang: Je dicker der Bauch, desto kürzer wird das Bein. Tragischer ist es mit dem, was den Mann zum Manne macht: Es fängt damit an, daß der Bauch die freie Sicht auf das Gemächt versperrt. Derart unbeobachtet, verkümmert es und schrumpft auf Erdnußgröße. Es gibt vereinzelt Männer, bei denen die Erdnuß später sogar vollständig vom Körper abfällt.

Die Bekleidungsindustrie hat sich schon lange auf den mutierenden Mann eingestellt, durch die Einführung von Bauchgrößen und die Erfindung von Hosenträgern: Denn nicht jeder Mann schafft es, seine Hose so geschickt zwischen Bauch und Unterbauch einzuklemmen, daß sie dort der Schwerkraft trotzt. Viele Männer versuchen anfangs, ihre Nilbarsch-Tendenz mit Freßlust zu tarnen, indem sie sich zwingen, tonnenweise Yoghurt-Gums oder Lakritzschnecken oder bittere Orangenmarmelade zu schlucken, um dann zu behaupten, daß der Bauch lediglich eine Konsequenz ihres Unterzuckers sei.

Aber die Frauen lassen sich nichts vormachen. Sie wissen genau: Dieser Kerl ist eigentlich eine Frau! Schließlich sind da noch die schwellenden Brüste, die anscheinend über Nacht gewachsen sind und

jede Wonderbra-Benutzerin vor Neid erblassen lassen. Ganz fanatische Bauch- und Busenträger scheuen auch nicht mehr vor dem Lady-Shave zurück, mit dem sie Brust und Beine epilieren. Zartbesaitete klagen über Hitzewallungen und Prämenstruelles Syndrom und melden sich für den Kurs »Intuition und Auralesen« in Vorarlberg an. Dann besuchen sie noch einen Anfängerkurs »Der-mit-dem-Bauch-tanzt« und simulieren Preßwehen so täuschend echt, daß selbst erfahrene Hebammen darauf hereinfallen.
Aber es nutzt alles nichts: Es kommt einfach nichts raus!

Petra Reski, *Jahrgang 1958, freie Journalistin mit Wohnsitz in München und Venedig, schreibt für »Playboy«, »Stern«, »Cosmopolitan«, »Brigitte«, »Die Woche«, »Zeit«-Magazin und »SZ«-Magazin. Die hier abgedruckten »Schmähreden« sind ihrem Buch »Eine Prinzessin zahlt nie selbst« entnommen, erschienen 1995 im Gustav Lübbe Verlag, Bergisch Gladbach.*

Catarina Felixmüller

Fabuliervorlage

Wenigstens die Socken hättest du ausziehen können. Nichts anderes ist mir in diesem Moment eingefallen. Ich hätte ihm ein Glas Wein anbieten können. Er schluckte so verdächtig. Ich hätte ihm sagen können: Mir hat's gefallen. Oder: Das sollten wir öfter tun. Wenigstens die Socken hättest du ausziehen können. Ein Satz, der zwischen die Laken paßt, wie ein Kübel mit Eiswasser. Wir aber haben keine Laken. Statt dessen liegen Gedichte am Boden. Verse, die er nie hätte schreiben können.

Er blickt an sich hinunter. Ein Mann wie er muß nicht überlegen, wann er seine Socken zum letzten Mal gewechselt hat. Er tut es täglich, so wie das Zähneputzen. Seine Socken sind braun. Braune Socken an einem nackten Mann führen ein lächerliches Eigenleben. Als sei der nackte Mann oberhalb der Fußgelenke abgeschnitten und somit körperlich nicht mehr von Bedeutung. Noch nie habe ich ihn verärgert gesehen. Jetzt ist er es. Sein Konzept ist ein anderes gewesen. Über Wochen hat er daran gearbeitet, als Sieger mein Bett zu verlassen. Mit Blicken von animierender Anzüglichkeit. Mit einem Schwall von Worten, die er meinte mir widmen, ja geradezu opfern zu müssen. Seinen Geruch habe ich vergessen. An seinen Körper kann ich mich nicht mehr erinnern. Wohl aber an seine Socken.

Wir sitzen in einem dieser Restaurants, das sich gern klein und intim nennt. Die Wände sind rot. Die Bilder an den Wänden finden sich auch in jeder Zahnarztpraxis. Der Wein ist gut, das Essen erträglich. Die Stühle sind hart und die Tische so klein, daß unweigerlich körperliche Nähe entsteht. Er gehört zu dem Typ Mann, der Charakter durch Attitüde ersetzt. Er erzählt gern, zum Beispiel von seiner Liebe zu teuren Hotels. Oder wie es ist, wenn er zweimal im Jahr nach New York »geht« – »gehen muß«, weil ihm sonst die Luft zum Atmen fehlt. Er analysiert lustvoll, leidenschaftlich, dann wieder belehrend aus dem Stegreif: die Grenzen des Ästhetischen. Oder das Mobilitätsprinzip.
Er ist hager, durchtrainiert, und seine Gesten wirken erfolgsverwöhnt. Ich empfinde seine Fähigkeit, Leben durch Rituale zu ersetzen, als anziehend. Ich versuche in seinem Szenario eine angemessene Rolle zu spielen. Teil des Bildes zu sein, das er von sich konstruiert hat.
Er greift sich den Pfefferstreuer, wiegt ihn in den Händen, als wäre er eine kostbare Porzellanfigur,

um dann in kreisförmigen Bewegungen seine Nudeln abzupfeffern. Dip, Dip, Dip, Dip macht sein Zeigefinger auf dem Preßglasbehälter. Er spricht über »Wettspiele der Macht« und die Frau, die diese für ihn so einleuchtend beschrieben hat. Dip, Dip, Dip, Dip – sein Zeigefinger richtet sich bis zum Anschlag auf, er blickt mich an und ist jetzt bei der Krise des Wohlfahrtsstaats gelandet. Natürlich sind die Löcher des Pfefferstreuers verstopft, was ihn nur enthusiastischer hantieren, noch erregter sprechen läßt. Jetzt erläutert er die wirtschaftliche Herausforderung als Triebkraft der Kultur. Dip, Dip, Dip – endlich ist er fertig und seufzt befriedigt auf. In der Überzeugung, Köstliches gesagt zu haben und noch Köstlicheres zu versprechen, raunt er: Irgendwann werde ich dir das zu lesen geben.

Seine Umgangsformen sind tadellos. Er nimmt den Mantel ab, hält die Tür auf und hat neben einem Buch oder einer Zeitung auch immer ein frisches, gebügeltes Taschentuch zur Hand. Pünktlichkeit ist ihm eine Lust; Verspätung zu verzeihen, vertraute Pflicht. Betrunken ist er genauso wenig vorstellbar wie verschwitzt oder wütend. Geld behandelt er mit der gleichen Selbstverständlichkeit wie das Tageslicht. Es kommt und geht. Er ist das Glück jedes Gastgebers, weil Gesprächsstillstand für ihn ein Auftrag ist, den er geflissentlich erledigt. Kein Thema, das nicht sofort und je nach Zuhörerschaft unterhaltend oder abhebend Opfer seiner Spontan-Analyse werden kann. Persönliche

Probleme hat er nicht. Oder er spricht nicht darüber. Seine Liebenswürdigkeit ist gnadenlos. Noch empfinde ich sie als Herausforderung.
Wir sind in seiner Wohnung. Seine Zuvorkommenheit hat einen klinischen Effekt. Sie verdrängt die erwartungsfrohe Neugierde auf den Geruch seines Schweißes oder seines Badezimmers, nachdem er es verlassen hat. Seine Wohnung entspricht seinem Auftreten. Sie ist funktional, entgegenkommend, bequem, aber keinesfalls verführerisch. Sie sieht so aus, als habe gerade die Putzfrau die Tür hinter sich geschlossen. Wahrscheinlich sieht sie immer so aus. Natürlich ist hier auch kein Geruch, der Rückschlüsse zulassen würde. Auf den Besuch einer Frau oder eines Freundes, auf eine Nacht mit zuviel Bordeaux, Tränen und Verzweiflung. Die Zeitungen liegen im rechten Winkel zur gläsernen Tischplatte. Gelesen, aber nicht zerlesen. Einen dieser aktuellen Inneneinrichter hat er nicht engagiert. Nicht weil er dazu zu geizig wäre. Trends verabscheut er. Zeitlosigkeit ist sein Programm. Zeitlos auch seine Männlichkeit.
Er kocht Tee, serviert ihn mit der aufmunternden Geschäftigkeit eines Kellners, der, wenn überhaupt, nur noch in alten Kurhotels anzutreffen ist. Lautlos. Könnten Bewegungen plaudern, sie täten es jetzt. Er richtet das Kissen in meinem Rücken, setzt sich. Steht wieder auf und besorgt Zucker. Setzt sich und fragt, ob ich Musik hören möchte. Er habe da eine neue portugiesische Gruppe ent-

deckt. Mischung als Folklore und Jazz, in ihrem Umgang mit dem kulturellen Erbe höchst eindrucksvoll. Mir gefällt die Stille. Eigentlich müßte er mir jetzt die Hand auf die Schulter legen. Und dann über mich herfallen, schnaufend und haltlos. Widerstand hätte er nur zu erwarten, weil es seinen Regeln entspräche. Andere Männer machen das in Situationen wie dieser auch. Er nicht.

Statt dessen erzählt er wieder von einem seiner teuren Hotels. Diesmal sind wir in Tokio. Dort gibt es mitten in der Lobby einen Teich mit weißen, gelben und roten Karpfen. Er glaubt zumindest, daß es Karpfen waren, weiß aber, daß sie unerhört kostbar sind. Dort kannst du erleben, daß sich die Menschen in jeder Situation vor dir verbeugen. Es ist ihnen ein kulturelles Bedürfnis, und je tiefer sie sich vor dir verbeugen, um so mehr Achtung haben sie vor dir.

Ich denke, es ist eine gute Idee aufzustehen, ich will mich vor ihm verbeugen. So, wie die Menschen in Japan in diesem teuren Hotel, wo sie sich selbst dann verbeugen, wenn sie dir Klosettpapier auf dein Zimmer bringen. Also springe ich auf, stoße gegen die Teetasse, die Milch, den Zucker auf dem kleinen Tablett, das zwar deckungsgleich zur Tischkante, aber dennoch etwas übersteht, und verbeuge mich: In einer kleinen scheppernden, klirrenden braun-weißen Lache, die in den Teppich sickert und einen plumpen Fleck hinterläßt, auf dem die Scherben der Teetasse aussehen wie gestrandete Papierschiffchen. Bestürzt kniet er nieder. Nicht, um mich zu umarmen, um meiner überflüssigen Vorstellung die Peinlichkeit zu nehmen. In der Hand hat er eine Küchenrolle. Sie muß neben dem Sofa gestanden haben. Für alle Fälle. Der Fall ist eingetreten, was ihn offensichtlich mehr als jede Berührung befriedigt.

Wir besuchen eine Ausstellung. Mit der Linken hält er mich diskret dirigierend am Ellenbogen, in der Rechten hat er den Katalog. Er kauft den Katalog immer, bevor er Ausstellungsräume betritt. Er überprüft die Skulpturen und Bilder immer anhand des Katalogs. Nur so, sagt er, läßt sich das Erlebte besser nacharbeiten. Das sei effizienter. Überhaupt muß er immer alles nacharbeiten. Wohl auch die farblichen Synergie-Effekte, die er plötzlich entdeckt. Wie immer ist sein verbaler Auftritt wohlinszeniert. Die Strategiefähigkeit der künstlerischen Intention beeindruckt ihn. Das emotionale Defizit in der zurückhaltenden Zeichensprache erscheint ihm durchaus gewollt. Bilder und Skulpturen sind ihm Fabuliervorlage. Der Katalog in den Händen Stimulanz. Durch jede Ausstellung muß er zweimal gehen. Einmal schnell, um sich einen Überblick zu verschaffen. Dann geht er jedes Werk gezielt an. Er zitiert voller Hingabe den Katalog. Seine Analysen geraten immer atemloser. Zwischenfragen spornen ihn an. Zweifel an seinen Thesen, »Gegenpositionen« nennt er sie, begegnet er mit wachsender Erregung.

Mir bleibt die Rolle des Voyeurs, der entdeckt, daß Sprache für ihn exhibitionistische Qualität hat. Eine Rolle, die mir so neu ist wie die Tatsache, daß wir seit Wochen miteinander sprechen, essen, trinken, ohne daß ich in der Lage gewesen wäre, ihn in den gleichen Zustand zu versetzen wie die Bilder und Skulpturen in den kargen Räumen einer ehemaligen Fabrik. Er ist verwundert, den Künstler vorher nicht gekannt zu haben. Eine ganz große Entdeckung, meint mein Begleiter erschöpft, während wir die Ausstellungsräume verlassen. Er schiebt noch ein »Du warst wunderbar« hinterher.
Ich bin enttäuscht, daß mir sein verbaler Höhepunkt wohl entgangen ist. Gern hätte ich diese Äußerung auf mich bezogen. Das »wunderbar« kann allein meiner Fragetechnik gelten, die ich im Umgang mit Männern entwickelt habe. Männer werden gern gefragt. Es ist die sicherste Form zu sagen, was man denkt. Versehen mit einem Fragezeichen, ist jede Haltung eine Reaktion wert. Zumal dann, wenn Männer meinen, diese könne getrost auf der Ebene ihrer vermeintlichen Allwissenheit ausfallen. In seinem Fall sind mir meine Bedürfnisse keine Frage wert. Ich stehe im Mittelpunkt seines verbalen Aktionsradius, sagt er. Dieser sieht einen Ausflug in das Chaos körperlicher Begehrlichkeiten noch nicht vor, er ist mein Begleiter.

Seit drei Tagen steht vor meinem Büro ein Mann. Er kommt morgens gegen neun und verläßt seinen

Posten erst, wenn auch ich das Büro verlassen habe. Er hatte mich um ein Gespräch gebeten. Ein von mir veröffentlichter Aufsatz hatte ihm in Einzelpunkten nicht gefallen. Er würde das gern mit mir von Angesicht zu Angesicht erörtern. Treffen dieser Art versuchte ich schon immer aus dem Weg zu gehen. Aber er hatte insistiert. Also verabreden wir uns in einem Kaffeehaus gegenüber. Ich bitte eine Kollegin, mich dort anzurufen, wenn ich nach einer Stunde nicht zurück bin.

Er erwartet mich. Ich scheine ihm vertraut. Nicht der Aufsatz ist sein Thema. Sondern er spricht von meinem Mund, meiner Stirn, meiner Stimme. Ich hatte bisher nur Guten Tag gesagt. Er beobachte mich schon lange, sagt er. Er könne mittlerweile genau sagen, mit welchen Erwartungen ich den Weg zwischen Auto und Eingang zurücklege. Heute zum Beispiel hätte ich mich auf die Begegnung mit ihm gefreut. Ich sei leichter gegangen, als hätte ich ein wichtiges, lebensbestimmendes Ziel vor Augen.

Sie spüren die einzigartige Energie, die sich innerhalb kurzer Zeit zwischen uns bereits entwickelt hat, sagt er. Ich spüre nichts. Er ist weich, rund, klein, und seine Kleidung ist teuer und schwarz. Japanisches Design, vermute ich, gleich wird er aufstehen und sich verbeugen. Ich bestelle einen Kaffee. Eine Frau wie Sie sollte Champagner trinken, ruft er aus, beugt sich vor und greift meine Hand, bevor ich sie zurückziehen kann. Ich werde dafür

sorgen, daß Sie in Zukunft den Tag liegend auf einer Chaiselongue verbringen können. Sie werden feinstes Konfekt naschen und nicht mehr zu tun haben, als die Literatur zu lesen, die Ihrer Sinnlichkeit entgegenkommt. Zu meiner Freude sollen Sie sich nur mit sich selbst beschäftigen.
Ich ziehe meine Hand zurück und erinnere ihn an meinen Aufsatz. Vergessen Sie ihn, jetzt wo Sie für mich endlich erreichbar sind, Ihr Mund für mich spricht, die Farbe Ihrer Lippen mich inspiriert, Ihre Stirn mir Fragen stellt, gibt es Wichtigeres. Unser Thema ist Ihr zukünftiges Leben. Ich werde es nach meinen Vorstellungen gestalten, Sie werden das Vergnügen haben, mein kostbarstes Gut zu sein.
Glauben Sie nicht, daß ich fett und langweilig werde, wenn ich mein Leben nach Ihren Vorstellungen lebe, frage ich, ein wenig gequält, aber doch geschmeichelt, keineswegs belustigt. Er blickt mich an, ist sich seiner Sache vollkommen sicher: Mag diese Welt glauben, daß ich mich lächerlich mache, ich weiß, Sie werden die Vision, die in meinem Angebot liegt, erkennen. Sie brauchen Zeit, sich zu entscheiden. Nehmen Sie sich diese als ein erstes Geschenk von mir. Noch einmal schaut er mich an. Nimmt Maß für das Werk Frau, das er sich zu seiner Freude schaffen will, verbeugt sich und geht.
Sein erstes Geschenk ist nicht sehr großzügig bemessen. Seit drei Tagen steht er in ehrfurchtvoller Distanz vor dem Eingang meines Büros. Er spricht

mich nicht an. Jeden Morgen gibt er Rosen und Gedichte beim Pförtner ab. Die Rosen sind gelb, immer ein üppiger Strauß. Die Gedichte: Obszöne Zeilen, im Mittelpunkt die Geliebte und ihre Körpersäfte, die Verse sprechen von Nehmen, Eindringen, Besiegen, von Öffnungen, Hingabe und Schmerz. Geschrieben auf kostbarem Papier, das leicht, aber wahrnehmbar parfümiert ist. Er steht geduldig vor dem Eingang des Bürohauses oder sitzt in seinem schwarzen Wagen, klein, teuer gekleidet, in Demut seiner Vision verfallen.
Er macht mir keine angst. Er weckt in mir keine Erwartungen. Und seine Gedichte habe ich gern. Vielleicht weil sie geil sind und nicht klug.

Was geht in einem Mann vor, der sich für seine Vision aufgibt, frage ich meinen Begleiter. Das ist keine Vision, sondern ein lächerlicher Traum, der vorübergeht, antwortet er. Er hat wie immer eine Analyse bereit: In einer Zeit, wo Frauen die Männer vor immer neue Aufgaben stellen, die wir, wenn überhaupt, nur unwillig zur Kenntnis nehmen, denen wir uns nur aus der Notwendigkeit, über euch verfügen zu können, annehmen, ist die Idee einer ausschließlich Konfekt essenden, Champagner trinkenden, ihrer Sinnlichkeit entgegenkommende Literatur lesenden, auf einer Chaiselongue bereitliegenden Frau, die allein einem Mann exklusiv vorbehalten ist, durchaus nachvollziehbar. Wenn auch lächerlich. Weil ohne Sinn

und Bewußtsein für die Rolle der Frau in unserer Gesellschaft. Sozialadäquat schon gar nicht. Sozialverträglich allenfalls die psychische Störung, die ihn treibt.
Er wartet auf eine fortführende Frage. Ich stelle keine. Ich werde mich darum kümmern, sagt er. Ich hole dich morgen ab. Ich widerspreche nicht.

Der Morgen ist von einem vierseitigen Gedicht bestimmt. Die Chaiselongue hat einem Teppich aus Rosenblättern weichen dürfen, deren duftende Öle sich mit Körpersäften mischen und in kostbaren Flacons aufgefangen werden. Der Gedanke mag sozialverträglich sein, nicht aber produktionsfördernd. Gegen fünf erwartet mich auch mein Begleiter am Eingang. Den Visionär ficht das nicht an. *»Der Gedanke, daß gerade jetzt vielleicht ein anderer / Deinem weichen Bauch verfällt, stimmt mich froh / all dies geschieht in der Wahrheit Deines Fleisches.«*
Erst als ich ins Auto steige und mein Begleiter auf ihn zugeht, rührt er sich. Er verbeugt sich knapp. Beide Männer sprechen kurz miteinander, verbeugen sich erneut. Der Visionär steigt in sein Auto. Was hast du ihm gesagt, frage ich meinen Begleiter. Daß du mir Stimulanz und unersetzliche Fabuliervorlage bist. Du deshalb als Objekt seiner Vision nicht zur Verfügung stehst. Hat es ihn getroffen, frage ich. Nein, gar nicht, antwortet er, wir haben viel gemeinsam, es ist mehr als nur Achtung voreinander.

Wir sind in meiner Wohnung. Sie besteht aus einem einzigen Raum. Er ist groß, kaum möbliert, im Zentrum ein großer Tisch. Überall liegen Zeitungen herum. Auf dem Tisch stehen gelbe Rosen. Ich hasse Topfblumen. Bei mir überleben nur Schnittblumen. Die Wände sind kalt und weiß. Sie gehören bespielt, hat mein Begleiter bei seinem ersten Besuch festgestellt. Nur so werden die angestammten Qualitäten des Raums unterstrichen. Ich fragte, was das heißt. Es folgte eine Analyse über das Spannungsverhältnis von privatem/öffentlichem Raum zur individuellen Lebenssituation.
Auch heute wirft er einen eindringlichen Blick auf die Wände. Aber dieser Blick wird keine Analyse nach sich ziehen. Ich spüre sofort, etwas ist anders. Gib mir die Gedichte, sagt er. Ich zögere. Ich will sie lesen. Sein Tonfall fordert weder eine Frage heraus, noch erlaubt sie Widerspruch. Mein Begleiter macht mir angst, die einzuordnen ich mich nicht traue. Gib mir die Gedichte, sagt er, und stell dich da an die weiße Wand. Ich gebe ihm die Gedichte und tue, was er sagt. Er beginnt zu lesen, gierig wie immer. *»Du bist wie ein Blumenstrauß / in einer Knochenhöhle hinter meiner Stirn.«* In der Rechten hält er die Gedichte. Er tritt an mich heran und öffnet meine Bluse. Seine Stimme wird deklamatorisch. Zieh dich aus, ganz, befiehlt er.
»Ich will Dich, weil Du schön bist. / Du gibst mir mehr als nur Dich. / Du teiltest Deine Schönheit. / Deinen Geist für Dich. / Deine Säfte für mich.«

Ich ziehe mich aus. Ich bin nicht nervös. Meine Angst ist gewichen. Eine neue Rolle in seinem Szenario, eine Rolle, die keinerlei Scham beinhaltet. Er nähert sich mir, als wolle er sich die Perfektion einer Strichführung genau ansehen. Geht zwei Schritte zurück, um die Zeilen des Gedichts mit der Frau zu vergleichen, die jetzt nackt an einer kalten, weißen Wand steht. Er liest weiter, atemlos und erregt.
»All dies geschieht in der Wahrheit Deines Fleisches, / Du bringst mir Deinen Duft und forderst mein Blut. / Ich sah Dich den Mond betrachten. / Du hast nicht gezögert, mich mit ihm zu lieben.«
Wieder macht er sich ein Bild der Frau, die ihm Fabuliervorlage und unersetzliche Stimulanz ist. Nur so läßt sich das Erlebte besser nacharbeiten. Er liest weiter. Durch jede Ausstellung muß er zweimal gehen. Einmal um sich einen Überblick zu verschaffen.
Er verschafft ihn sich in mir direkt an der weißen Wand. Er berührt mich kaum. Dringt nur in mich ein. Ich protestiere nicht. Baue keine »Gegenposition« auf. Bin willig, ausgeliefert, schutzlos, so offen wie ein Bild an der Wand.
Er hat keine Entdeckung gemacht. Ich rieche nichts. Er sagt nicht, Du warst wunderbar. Offenbar sieht er keinen Sinn, das Werk erneut gezielt anzugehen. Die Gedichte liegen am Boden, ich schlottere. Er blickt sich nach seiner Hose um. Wenigstens die Socken hättest du ausziehen kön-

nen, stelle ich fest. Mir ist nichts anderes eingefallen. Ich hätte ihm auch ein Glas Wein anbieten können. Er schluckt so verdächtig. Ich ziehe meinen Rock wieder hoch und schließe die Bluse.

»Ein Körper im gemessenen Stand hat andere Wahrnehmungsmuster als ein Körper im beschleunigten Fall«*. Diesen Satz habe ich einmal in einem Vortrag gehört. Er hat mir gefallen, so daß ich ihn behalten habe. Ich hätte ihn meinem ehemaligen Begleiter gern mit auf den Weg gegeben. Aber da war er schon ohne Verbeugung gegangen.

* Zitat stammt von Dietmar Kamper, Professor für Soziologie an der Freien Universität Berlin: »Erinnern, wiederholen, durcharbeiten: Wahrnehmungsmuster in einer Ästhetik des Posthistoire«.

Catarina Felixmüller, *Jahrgang 1954, lebt als freie Journalistin und Autorin in Hamburg. Sie ist vorwiegend als Fernseh- und Hörfunkmoderatorin beim NDR und bei Radio Bremen tätig. Verheiratet, eine Tochter.*

Heide-Ulrike Wendt

Ein Mann ist ein Mann ist ein Mann

Als ich zur Welt kam, waren alle Plätze besetzt. Meine Mutter hätte es eigentlich bei meiner Schwester belassen sollen. Sie hieß Josefine und war ein gutes Kind. Immer folgsam und bescheiden. Nicht sehr helle, aber fleißig.
Mein Vater war ebenfalls versorgt. Er hatte seinen Stammhalter. Der hieß Edgar, war blondgelockt, wie Papa, und hatte braune Augen. Von wem, wußte niemand. Als Stammhalter war er jedenfalls brauchbar. Ein kräftiger Junge mit gutem Appetit, der am liebsten dreckige Lederhosen trug, dreckige Witze erzählte und im Dunkeln Nachbars Katze am Schwanz über die Balkonbrüstung baumeln ließ.
Leider war er nicht ausschließlich Stammhalter. Er war auch mein Bruder. Und Edgar konnte mich nicht leiden. Man sagt Skorpionen nach, sie müßten die ersten sechs Monate ihres Lebens in Schnee und Kälte verbringen. Auf mich trifft das zu. Als mich meine Mutter an einem dieser scheißkalten, späten Oktobertage des Jahres 1950 mit nach Hau-

se brachte, schob mir Edgar zehn Minuten später ein paar Eiswürfel aus dem Whiskyglas meines Vaters ins Jüpchen. Meine Schwester hatte das ganz genau gesehen, aber sie schwieg. Sie schwieg immer. Zu allem.

In diesem Fall sollte sie es bitter bereuen, denn immer, wenn mein (und ihr) Bruder Edgar Eiswürfel in mein Jäckchen steckte, mußte sie mich im Kinderwagen durch das kleine Wäldchen vor unserem Haus schieben. Im Gegensatz zu heute brüllte ich damals nämlich noch wie am Spieß, wenn das Leben häßlich und gemein zu mir war.

Edgar juckte das nicht. Es gab ja Josefine. Die mußte los, um mich auf Zimmerlautstärke zu bringen. Bei der Nummer mit den Eiswürfeln mußte sie mit zehn Minuten Stadtwald rechnen. Wenn Edgar mich kniff, konnte sie meist schon am Gartenzaun wieder umkehren. Schlimmer war es, wenn der Blödmann mein Fläschchen heimlich in den Übertopf vom Gummibaum goß. Bis zur nächsten Mahlzeit waren es vier Stunden.

An meinem ersten Geburtstag war ich klapperdürr, aber ziemlich viel herumgekommen. Noch heute wischt sich die ganze Familie beim Betrachten der Fotos von damals die Tränen aus den Augen: »Mein Gott, sie sah aus wie ein gerupftes Huhn.« Sowas prägt.

Aber es kam alles noch viel schlimmer. Wir wuchsen heran, und Josefine entwickelte sich prächtig. Niemand schälte die Kartoffeln so wie sie. Ganz

dünn und ohne eine schwarze Stelle. Mein Vater ließ sich nur von ihr die Hemden bügeln. Mein Großvater sagte immer: An meinen kleinen »Opel« laß ich nur Finchen und Sidol.
Ich taugte zu nichts. Ich war noch zu klein. Weil Josefinchen indes so anstellig war, mußte nun mein Bruder auf mich aufpassen. Ich wurde Edgars Versuchskaninchen. Er probierte an mir seine ekligen, klebrigen Drehküsse aus, schickte mich als erste übers Eis, wenn er Schlittschuh laufen wollte, und ließ mich im Juli Augustäpfel testen. Wir schliefen in einem Zimmer, und hin und wieder guckte er nach, ob mir schon Brüste wuchsen. Nach mehreren Inspektionen war mein Schicksal für ihn besiegelt: »Du bist so dürr, du kriegst nie einen Mann.« Mein Vater sah das anders. Der setzte große Hoffnungen auf meine Beine und schenkte mir an meinem vierzehnten Geburtstag die ersten Stöckelschuhe meines Lebens. Mein Gott, was war ich stolz. Und Edgar? Der bog sich vor Lachen und brüllte mir auf der Straße hinterher: »Der Storch hat ooch Beene, aber Waden hat er keene.« So ein gemeiner Kerl!
Ich zog meine neuen Schuhe aus – sie waren weiß mit kleinen roten Punkten – und schleuderte sie ihm ins Gesicht. Edgar mußte anschließend ins Krankenhaus. Die kleine Stahlkappe vom Absatz hatte sich wohl in sein linkes Auge gebohrt. Leider war nach drei Tagen alles wieder gut. Edgar durfte nach Hause. Am Abend hockte er auf meinem

Brustkasten und diktierte mir die Reparationsleistungen für erlittenes Unrecht. Ich mußte ab sofort seine dreckigen Socken entsorgen, sein Fahrrad putzen und nach Regenwürmern graben. Freitags um 17 Uhr kassierte er pünktlich mein Taschengeld. Edgar war ein Armleuchter, und mir war schleierhaft, warum es außer mir keiner merkte. Warum in aller Welt mußten Josefine und ich nach dem Essen Berge von Geschirr abwaschen, den Tisch polieren und den Boden fegen, während Edgar pfeifend die Treppe hinunterhopste, um draußen mit dem Luftgewehr nach Spatzen zu schießen oder auf dem Friedhof Blumen zu klauen? Ich meine, er tat nichts Sinnvolles und bekam trotzdem immer als Erster den Teller voll – von der Gans immer die Brust, vom Kirschkuchen das größte Stück, und im Auto durfte er stets und ständig vorne sitzen.

Nur wenn es Zeugnisse gab, war er nicht mehr jedermanns Liebling. Dann war die Zeit der Verdrängung, der grenzenlosen Nachsicht vorbei, und in Papas Arbeitszimmer flogen die Fetzen: »Wie willst du mit einer Fünf in Mathematik jemals die Buchhaltung unserer Gärtnerei übernehmen?« brüllte unser Vater. »Wer soll die Geschäftspost überprüfen, wenn nicht mal der Juniorchef weiß, ob Azalee mit einem oder zwei ›e‹ geschrieben wird? Und wo, verdammt noch mal, hast du dich an diesen 30 unentschuldigten Tagen herumgetrieben?«

Obwohl ich in Deutsch einen Einser, in Mathematik eine Zweiminus und keinen einzigen Fehltag in diesem verdammten, nach Bohnerwachs und Spülstein stinkenden Klinkerbau hatte, betete ich zum lieben Herrgott, mein Vater möge nicht mich noch einmal zu seinem Vize in spe ernennen. Mein Bruder würde es mir heimzahlen. Wie ein Jahr zuvor.

Da hatte er mir, als er mit knallroten Ohren und einem völlig zerfledderten Zeugnis aus Vaters Arbeitszimmer flog, zugezischelt: »In einer Stunde in der Scheune von Bauer Kleinschmidt.« Edgar hockte bereits auf dem Heuboden, als ich kam, und zog mein Ohr ganz sanft ganz nah heran an seinen Mund. »Ich will dir jetzt eines der größten Geheimnisse der Erwachsenen verraten«, flüsterte er. »Du wolltest doch schon immer wissen, woher die Kinder kommen, stimmt's?«

Oh ja, das wollte ich. Nichts interessierte mich brennender.

»Also«, flüsterte Edgar weiter, »erinnerst du dich noch, wie Josefine eines Nachts brüllend im Bett stand und lauter Blut an ihren Schenkeln klebte?«

»Ja«, rief ich voller Entsetzen. »Mama hat gesagt, Josefine hat sich aus Versehen mit dem Brotmesser ins Bein geschnitten.«

»Pst. Leise. Also, ich sag dir: Das war eine faustdicke Lüge. Das Blut an Josefines Schenkeln bedeutet, daß sie jetzt Kinder kriegen kann. Die Kinder kommen nämlich nicht vom Klapperstorch, sondern wachsen in Bäuchen. Aber nur in denen von Frauen. Wenn die Babys groß genug sind, werden sie herausgeholt. Dazu wird der Bauch aufgeschnitten und anschließend wieder zugenäht.«

Ich mußte Edgar schwören, dieses Geheimnis für mich zu behalten, aber ich konnte es nicht. Das war so, als hätte man von Einstein verlangt, die Entdeckung der Relativitätstheorie nur seinem Tagebuch anzuvertrauen. Als ich meiner besten Freundin Michaela am nächsten Tag unter dem Siegel der Verschwiegenheit verriet, daß die Kinder aus dem Bauch kommen, litt dadurch das Ansehen unserer ganzen Familie. Michaela erzählte es natürlich sofort weiter – idiotischerweise auch ihrer Mutter. Danach durfte niemand mehr mit uns Schmuddelkindern spielen. Unsere Mama ließ mich in der Küche auf die Fußbank steigen. Dann mußte ich zehnmal aufsagen: »Die Kinder kommen vom Klapperstorch.« Sie schien wohl fest daran zu glauben, und nur mein großer Bruder wußte es besser.

Aber konnte ich mir da wirklich so sicher sein? Edgar war nicht nur ein Armleuchter. Er war auch ein Aufschneider. In der Nacht nach meinem Widerruf suchte ich deshalb nach dem Schuhkarton unter seinem Bett. In dem versteckte er alles, was außer ihm niemand sehen sollte. Sein Zeugnis mußte also auch dort sein. Ganz oben im Karton lagen ein paar abgewetzte Hochglanzfotos von Mädchen mit nackten Brüsten. Darunter lag ein Merkblatt über

die schädlichen Folgen der Onanie, was immer das sein mochte. Darunter eine vertrocknete Ringelnatter, ein ungeöffneter blauer Brief vom Religionslehrer Huhn und schließlich sein Zeugnis. Und da stand es, schwarz auf weiß: Edgar hatte in Biologie eine Fünf.
Ich glaubte ihm kein Wort mehr.

*

Meine erste große Liebe hieß Stefan und war Schriftsteller. Er hatte braune Augen wie Bambi, eine Mähne wie Marx, einen Bart wie Che, eine Nase wie Baudelaire und einen schmalen Mund. Wie meine Mutter. Ich hätte also vor ihm wegrennen, mich verstecken oder in Drachenblut baden sollen.
Statt dessen machte ich meine Fahrerlaubnis, um ihm zu imponieren. Stefan hatte mir hundert Mark West geschenkt, um den Fahrlehrer damit bestechen zu können. Ohne Westgeld, echte Levi's oder zwanzig Flaschen Saale-Unstrut-Wein mußte man damals, im wilden Osten, zwei bis fünf Jahre darauf warten, in die Fahrschule aufgenommen zu werden. Mit meiner Westkohle konnte ich gleich dableiben und vorn an der Tafel die Vorfahrt üben.
Sechs Wochen später hatte ich sämtliche Prüfungen bestanden und wollte sofort mit Stefans Auto einen kleinen Ausflug machen. Es war ein schönes Auto: außen rot wie Blut, innen schwarz wie Eben-

holz. Stefans Gesicht allerdings war weiß wie Schnee, als ich ihn um die Autoschlüssel bat.
Zwei Monate später überwand er sich das erste Mal. Es war Sonntag, die Autobahn leer. »Ich fahre auf den Parkplatz, dann kannst du dich bis zur nächsten Tankstelle hinters Steuer setzen«, sagte er.
»Danke, Stefan, das ist aber lieb von dir. Du läßt mich ja fast 6000 Meter fahren«, sagte ich etwas aufmüpfig.
»Wir können es auch lassen.«
»I wo. Ich bin dir dankbar. Wirklich.«
»Also: Kupplung treten, erster Gang rein. Langsam Gas geben, Kupplung loslassen, in den Rückspiegel gucken, nach links blinken, langsam losfahren.«
»Ich hab grade meine Fahrerlaubnis gemacht.«
»Das ist zwei Monate her. Fahr also nicht so schnell!«
»Ich fahre 30.«
»Paß auf! Da vorne ist die Auffahrt. Nach links in den Spiegel gucken, runter mit dem Gas, Kupplung, Gang raus, bremsen. Das Bremspedal ist in der Mitte.«
»Die Autobahn ist doch ganz leer. Ich kann doch einfach rauffahren.«
»Bremsen hab ich gesagt, verdammt noch mal. Gang raus, Kuuuuuplung. Scheiße. Jetzt stehn wir mitten auf der Autobahn! Also dalli: Starten. Kupplung, erster Gang, langsam Kupplung loslassen, Gas geben. Nicht so schnell, vor uns fährt ei-

ner im Schneckentempo. Überhol ihn doch endlich.«
»Ich kann den nicht überholen. Neben uns fährt einer mit seinem Trabi und grinst immerzu rüber.«
»Ich faß es nicht. Wieso glotzt der so?«
»Ich würde auch glotzen, wenn ich an uns vorbeifahren würde. Du siehst aus wie kurz vor dem Schlaganfall.«
»Oh mein Gott, du kannst jetzt nicht bremsen, hinter uns fährt einer. Gib Gas!«
»Wie denn? Der vor uns schleicht immer noch. Der neben uns grinst immer noch. Ich fahr jetzt rechts ran und steig aus.«
»Bist du meschugge? Wir sind hier auf der Autobahn. Du kannst hier nicht einfach rechts ranfahren und aussteigen . . .«
»Doch. Kann ich. Da hinten kommen übrigens die Bullen.«
Nach zwei Wochen hatten wir uns wieder vertragen. Unsere Beziehung war leicht lädiert, das Auto immer noch ohne jeden Kratzer.
Drei Monate später mußte Stefan einrücken zur Reserve. Einen Tag vorher hatte er sein Auto zu einem Freund in die Garage gebracht, etwa 30 Kilometer Luftlinie von unserer Wohnung entfernt. Den Zweitschlüssel hatte er in einen Schuhkarton unter seiner Schreibtischplatte gelegt. Da versteckte er immer alles, was andere nicht finden sollten: mißglückte Texte, einen abgegriffenen »Playboy«, die lieblich duftenden Briefe seiner heimlichen

Verehrerinnen, vertrocknete Rosen, Veilchen, Anemonen und Ablehnungsschreiben von Verlagen.
Am nächsten Tag winkte ich Stefans Zug nach irgendwo leidenschaftlich hinterher und holte mir anschließend den Autoschlüssel aus dem Schuhkarton. Dann trampte ich zur Garage. Ich stand davor und dachte: Endlich! Ein Auto zum Üben! Die ersten Kilometer ohne Beifahrer! Das Leben ist schön.
Das war es aber nur zehn Kilometer lang. Dann fing die Karre an zu stottern. Nach zwölf Kilometern blieb sie einfach stehn. Ich öffnete die Motorhaube, aber da qualmte oder stank gar nichts. Der Motor war noch nicht mal heißgelaufen. Ich stellte mich an den Straßenrand und begann zu winken. Eine Stunde später hielt endlich ein Taxifahrer und bemerkte launig: »Keen Benzin mehr, wa?«
Nee. Keen Benzin mehr. Ach, Stefan!
Am Wochenende fuhr ich an die Ostsee. Stefan war dort stationiert, durfte aber die Kaserne nicht verlassen. Ich bat den Wachhabenden am Kasernentor deshalb, dem Soldaten Stefan G. einen schönen Gruß zu bestellen: »Sagen Sie ihm, Sie hätten mit eigenen Augen gesehen, daß es seinem kleinen Liebling sehr gut gehen würde. Er sei außen noch immer rot wie Blut, innen schwarz wie Ebenholz, und nur unten rechts, na ja, eigentlich ziemlich weit oben rechts, am Kotflügel, da hätte er ein paar winzig kleine Kratzer. Das käme von der Garagentür.«

Als Stefan wieder nach Hause kam, holte ich ihn mit dem Auto vom Bahnhof ab. Den Kotflügel hatte ich neu lackieren lassen. Drei Tage später schenkte mir Stefan seinen alten Schuhkarton. Darin lagen 5000 Mark. »Wenn du noch mal die Hälfte drauflegst«, sagte er, »kannst du dir einen gebrauchten Trabi kaufen. Dein Bruder meint, er kann dir einen besorgen.«
Ah, ja.

*

Eine Woche vor meinem 30. Geburtstag fragte mich Philipp, mein kleiner Sohn: »Sag mal Mama, wieviele Leute hast du eigentlich zu deinem Geburtstag eingeladen?«
»30.«
»Und was hast du dir von all den Leuten gewünscht?«
»Einen Aal.«
»Einen Aal?«
»Ja. Ich hab noch nie einen gegessen. Es gibt in unserem Land offiziell keine Aale. Nur im Intershop oder wenn man einen Fischer an der Ostsee kennt.«
»Hast du dir auch von deinem neuen Freund, diesem Peter, einen gewünscht?«
»Ja.«
Als ich am Morgen meines 30. Geburtstages die Augen aufschlug, stand Philipp vor meinem Bett.

Er hielt dreißig rote Rosen in seiner kleinen Hand. Auf dem Bettvorleger brannten dreißig rote Kerzen, und neben mir, auf dem Kopfkissen, lag ein Aal. Er lag auf einem kleinen Stück Butterbrotpapier und war mit Petersilie und Dill garniert. Komischerweise fehlten ihm der Kopf und der Schwanz.
Er schmeckte köstlich, und ich schenkte Philipp dreißig Küßchen auf seine Lieblingsstellen: das linke Ohr, die Stirn, die Nasenspitze und den Mund.
»Ich muß los«, sagte Philipp zehn vor halb acht, »sonst komm ich zu spät zur Schule.«
»Wieso«, fragte ich, »mit dem Fahrrad brauchst du fünf Minuten.«
»Ooch, mein Fahrrad hat einen Platten. Der Schlauch ist wohl futsch. Deshalb muß dein armer kleiner Liebling jetzt den ganzen Weg laufen.« Armer kleiner Liebling!
Zehn Minuten später stand Peter vor der Tür. Er hielt einen Aal in der Hand. Er war eingewickelt in Butterbrotpapier und vorne guckte der Kopf und hinten der Schwanz heraus. »Der Aal ist nur für dich«, sagte Peter. »Ich will keinen Bissen, und Philipp auch nicht. Das hat er versprochen, als er gestern kam, um seine Rosen aus meinem Keller zu holen.«
Der Aal hätte ehrlich gesagt auch nicht für uns drei gereicht. Sein Kopf und sein Schwanz steckten nämlich in einem Stück Fahrradschlauch, etwa dreißig Zentimeter lang und innen absolut hohl.

Da war nix drin. Nicht mal eine Gräte.
»Warum ist dein Sohn heute eigentlich in die Schule gelaufen?« fragte Peter.
»Ach, irgendwas mit seinem Fahrradschl . . .«

Heide-Ulrike Wendt, *geboren 1950 in Berlin, studierte Publizistik in Leipzig. Danach Redakteurin und Reporterin bei »Der Morgen«, »Wochenpost«, »Für Dich«, »Extra«-Magazin. 1992–95 Redakteurin beim »Stern«, 1995/96 Autorin beim Hamburger Frauenmagazin »Amica«, heute freie Autorin in Berlin (erstes Buch: »Immer nur das eine«/ElefantenPress). Verheiratet, zwei Kinder.*

Heike Gätjen

Der gläserne Adam

Quo vadis Adam? Grundsätzlich rasant abwärts. Und das schon als Fötus. Nur die ersten sechs Wochen seines ungeborenen Lebens kann er sich auf dem absoluten Spitzenplatz – der Nummer eins im Alphabet gleich A wie Adam – behaupten. Dann beginnt der Absturz. Der erste Schuß des männlichen Sexualhormons Testosteron ist schuld daran. Im dritten Monat macht es sich in seinem Gehirn breit, und von da an ist es aus. Mit Adams erstem Lidschlag hat das Hormon ihn voll im Griff: Der Absturz von Nummer eins auf Nummer sechzehn im Alphabet ist vorprogrammiert. Von A auf P wie Penis, Pubertät, Potenz, Promiskuität und Prostata. Diese P's bestimmen fortan seinen Lebensrhythmus. Verwirren ihn, schütteln ihn durch, treiben ihn voran oder lassen ihn resignieren.

Oh, Adam! Wenn es doch so einfach wäre! Zwei Buchstaben nur, und der Fall wäre erledigt. Adam entschlüsselt und abgehakt. Doch seitdem er in den 90er Jahren aus dem Schatten des Antikörperdaseins und Konsumnegierers ins volle Rampenlicht der Werbestrategen getreten ist, gilt das alles nicht mehr. Mit Hilfe von Statistiken und Umfragen haben sie sich über ihn hergemacht, zerlegen ihn in einen Wust einander ergänzender oder widersprechender Zahlen und Fakten. In ernsthafte und weniger ernsthafte. Kein Zentimeter seines Leibes und keine seiner noch so intimen Gewohnheiten vom Aufwachen bis zum Schlafengehen bleiben unberücksichtigt. Die Verwirrung ist komplett.

Quo vadis also, Adam? Rein zahlenmäßig? Morgens ganz profan erst einmal ins Badezimmer. Für zweiundzwanzig Minuten. Aus dem Hygienemuffel der 70er Jahre, dem schon die Zahnbürste suspekt war und für den Stoppelbart und Pferdeschwanz intellektuelle Unabhängigkeit symbolisierten, ist ein körperbewußtes, glattrasiertes, frisch geföntes, gesalbtes Duftpaket geworden. Die Kosmetikindustrie gerät fast in Ekstase ob dieses neuen Mannsbilds. Mit 1,2 Milliarden Mark Einsatz pro Jahr läßt Adam die Kassen klingeln. Vom pflegenden Duschgel über Glanzshampoos, Kräuterspülungen, Deos und Parfüms hat er alles griffbereit in den Regalen. Zahnweiß und -seide gehören zur Grundausstattung. Die bis Dreißigjährigen und die karrierebewußten Mittvierziger schwören sogar auf das wöchentliche Peeling, die Gesichtsmaske, Antifaltencreme, Nagelfeile und Hornhauthobel.

Der Trockenrasierer ist out. Jeder zweite Mann

greift wieder zu Pinsel und Klinge. Naßrasieren bringt einfach mehr. Nicht nur die Glätte und Schuppenfreiheit. Jeder vierte behauptet, es verschaffe ihm auch ein erhebliches Lustgefühl. Ein guter Start in den Tag, schließlich schabt er 3000 Stunden seines Lebens allein am Kinn. Danach springt Adam in die Unterhose. Davon hat er mittlerweile durchschnittlich sieben Stück im Schrank. Eine Steigerung in knapp zehn Jahren um fast vierhundert Prozent. Boxershorts in weißem Feinripp. Changierende Tigertangas und grellfarbene Minislips sind passé, sagt die Männerdessousbranche. Statt des Unterhemds trägt er ein T-Shirt, die rollenden wadenfreien Socken machen zunehmend Kniestrümpfen Platz. Ins Büro trägt er den neuen Soft-Suit. Aus weichem Material, körperbetont und auch schon mal in sommerlichem Weiß oder winterlichen Braun-Grüntönen. Das von Modediktatoren angepriesene »neue intelligente männliche sanfte Rot« als Gegenpol zu dem mausgrauen Prototypen der 80er setzt sich nicht recht durch.
Am Frühstückstisch wird der sonst so nonchalante Adam pingelig. Das behauptet zumindest die GfK Marktforschung in Nürnberg. Ein Ei hätte er gern. Weich und schlabbrig, akkurat 4,8 Minuten gekocht. Er greift zum Messer, köpft es kurz und zackig. Eva – so sagt die Umfrage – pellt derweil sanft und geduldig vor sich hin. Adam steigt ins Auto, und ab geht es ins Büro. Der haarige Teil des Tages beginnt. Glatzköpfe verdienen laut amerika-

nischen Statistiken mehr, bekommen auch eher eine Gehaltserhöhung. Ein echtes Damoklesschwert. Denn mehr als die Hälfte aller Männer empfindet die drohende Glatze schließlich als Horrorvision. 40 Prozent könnten eher auf einen Orgasmus als auf eine Gehaltserhöhung verzichten. Was für ein statistisches Dilemma!

Sein Arbeitsplatz birgt für den modernen Adam ohnehin eine Menge Schrecken. Auf der Hitliste seiner Ängste, so Dietmar Bittrich in seinem Buch »Männerschreck«, steht der Verlust des Arbeitsplatzes mit mehr als 90 Prozent an erster, die Angst vor beruflichen Rivalen an vierter und vor einem weiblichen Chef an sechster Stelle. Im Büro fühlt er sich einfach nicht mehr sicher. 14 Prozent der männlichen Angestellten, so hat eine amerikanische Umfrage ergeben, klagen schon über sexuelle Attacken am Arbeitsplatz. Ob von männlicher oder weiblicher Seite, ist nicht bekannt. Das alles macht nervös, frustriert, führt zu völlig neuen Gefühlswallungen: Mann weint. Generationsübergreifend von Klinsmann bis Kohl. Durchschnittlich einmal im Monat und bundesweit täglich acht Badewannen voll. Bei Beerdigungen, beim Absingen der Nationalhymne, wenn der Lieblingsverein den Ausgleichstreffer landet und – eben auch im Büro, weil es Zoff mit dem Chef gab.

Die Mittagspause bringt kurzfristig Entlastung. Fast food statt Frust und Streß. Ungeachtet des von Grünkerngurus so vielgepriesenen neuen männlichen Kalorien- und Vitaminbewußtseins greift Adam zur Currywurst und zum Hamburger. Verbal hat er das neue gesunde Körpergefühl auf Parties zwar voll im Griff. Praktisch schert er sich keinen Deut drum. Noch immer ist jeder zweite Mann zu dick, jeder männliche Single durch Vitaminmangel besonders gefährdet. Die Verbraucherzentrale Münster warnt vor einer bedrohlichen neuen Seuche – dem Junggesellen-Skorbut. Entspannt und satt geht Adam schnell noch auf Einkaufstour. Kosmetik und Kleidung stehen auf seiner Liste. 60 Prozent aller Männer können heute schon allein Parfümerien und Modegeschäfte betreten. 1200 Mark pro Kopf geben sie alljährlich im Schnitt für Garderobe aus. Nur bei der Auswahl reißt ihnen schnell der Geduldsfaden. Dreißig Minuten Shopping pro Stück ist das Äußerste.

Scheint während der Mittagspause die Sonne, vergißt Adam Hunger und Styling und geht auf Balztour. Auch das kein leichtes Unterfangen mehr. Er muß sich völlig neu zu Markte tragen. Muskulös soll er heute sein, schlank und vor allem einen weithin sichtbar knackig halbrunden Po bieten. Darauf – das haben Frauenzeitschriften festgestellt – fährt die moderne Eva voll ab. Gleich nach Augen, Händen und Stimme. Die Männermode trägt diesem Trend Rechnung. Hosen in Stretch und scharfe Leggings sind vielleicht nicht jeder Manns Sache, aber die Anschaffung könnte lohnen.

Zurück im Büro, verbraucht Adam die letzten seiner 30 000 Wörter, die er pro Tag ausstößt. Abends am heimischen Herd soll er schweigsamer werden. Als verheirateter Mann verschwendet er nicht einmal zweieinhalb Gesprächsminuten pro Tag an seine Ehepartnerin. Insgesamt allerdings redet er einige Prozentpunkte mehr als Eva. Dafür aber schneller und am Telefon – hat die Telekom festgestellt – knapper und kürzer. Seine Telefonate dauern im Schnitt 7,8 Minuten. Sie sind sachbezogen und zweckgebunden. Notorische Handybenutzer wurden vorsorglich ausgespart. Ihr Banalitätsaustausch in fliegendem Wechsel ist selbst mit der Stoppuhr nur schwer erfaßbar und von der Bedeutungsschwere her kaum meßbar: »Schatz, ich bin jetzt bei Kilometer 453. Es bewölkt sich.« Klick. »Liebling, gleich kommt das Nürnberger Dreieck, es hat sich aufgeklart.« Klick. »Frau Müller, gerade sagte ich meiner Frau, daß ich schon am Nürnberger Dreieck bin ...« Eine Endlosnummer. Im Sekundentakt.

Beim Telefonieren und Autofahren popelt, juckt und kratzt Adam sich fünfmal mehr als Eva. Männer sind überhaupt mit Ticks gesegnet. Vom Mundzucken über Nägelbeißen, Haareraufen bis zum Fingerknacken. Ein amerikanischer Nervenarzt ist diesem Phänomen seit zwanzig Jahren auf der Spur und kam zu der erstaunlichen Erkenntnis, daß Männer sogar gerne von sich hinticken. Für die meisten ist ein Tic der augenfällige Ausdruck einer komplexen eigenständigen Persönlichkeit.

Oh, Adam, jetzt kommt der schwerste Teil: Feierabend! Dieser immer länger werdende Tagesabschnitt, karrieresüchtige Manager ausgeschlossen, bedarf einer grundsätzlichen, statistisch untermauerten Vorbereitung. Adam muß seit Mitte der 80er Jahre in seiner Freizeit völlig neue Werbemittel einsetzen. Karriere, Cash und Cabrio reichen nicht mehr aus. Knackige Körper braucht das Land. Das findet Adam eigentlich sehr schön. Aber es bringt ihn in eine Art Dauerstreß. Mehr als 74 Kilo Fleisch, fettfrei, leicht rosig schimmernd bis sanft gegrillt, sind nicht mehr gefragt. So lebt es sich nur noch sorglos in Mecklenburg-Vorpommern – sagt das Statistische Bundesamt. Wohin also in den übrigen Bundesländern, Adam? Ins Fitneßcenter, in die Sauna, unter den UV-Grill oder rein in das Heer der 7,5 Millionen bundesdeutschen Jogger.

Das alles nimmt Adam so ernst, daß er bisher als typisch weiblich geltende Zerfallserscheinungen zeigt: Bulimie, Magersucht, Depressionen. Dreißig Prozent der Männer leiden bereits unter einem lädierten Selbstbewußtsein wegen schwindender Muskeln und schwellender Bäuche. Die Angst vor einer sogenannten »Hühnerbrust« läßt zehn Prozent aller Briten kaum noch schlafen. Die alltägliche Bedrohung durch den Rinderwahnsinn verblaßt fast dagegen. Doch es wird noch schlimmer. Der Pelz auf Brust, Bauch, Rücken und sogar auf den Beinen ist dem neuen männlichen Körperwahn zum Opfer gefallen. Er muß weg. Wird abra-

siert, mit schmerzhaften Wachsepilationen heruntergerupft, notfalls auf die Glatze verpflanzt. Selbst Schamhaare werden erbarmungslos »abgeholzt«. Man mag es kaum glauben. Amerikanische Kongreßabgeordnete, so schwört ein Hautarzt in Washington, sollen Vorreiter für diesen Trend gewesen sein, der längst auch auf Deutschland übergegriffen hat.
Das alles kann Adam natürlich nicht im Do-it-yourself-Verfahren erledigen. Er braucht fachlich versierte Unterstützung, geht in Kosmetik- und Schönheitssalons. Dreißig Prozent ihrer Klientel seien bereits Männer, ergab eine Umfrage unter Kosmetikfachleuten. Sie sind bereit, viel zu bezahlen und noch mehr zu erdulden: Lippenvergrößerungen, Brauenkorrekturen, Wimpernfärben, Maniküre mit einem Hauch farblosem Nagellack. Raritäten sicher, aber gern genutzt. Gesichtspeeling mit dem Rotationsschmirgel und die Gesichtsmaske, auch schon mal auf Kaviarbasis, gehören fast zur Routine. Ein Hauch Rouge ist bei aufstrebenden Karrieristen begehrt. Das soll selbst noch der fahlsten Haut den leicht dynamischen Anstrich verleihen. Pickelabdeckendes Make-up wird unter fachlicher Anleitung aufgetragen, und ein Kölner Starvisagist schwört, daß seine männlichen Kunden künstliche Wimpern und einen eintätowierten Lidstrich nicht grundsätzlich als unmännlich verweigern. 2000 Mark kann das alles schon kosten. Notfalls legt Adam sich gar unters Messer. Jeder

siebte Kunde der chirurgischen Restaurateure ist bereits ein Mann. Tränensäcke, Hängelider und Doppelkinne werden entfernt, Penisse verlängert und sogar der Po kraftstrotzend geliftet oder unterlegt.

Wo führt das alles hin, Adam? Erst mal erschöpft nach Hause. Wenn er Glück hat, darf er dort seinem neuesten streßfreien Sport frönen – dem Chanellhopping. 51 Prozent aller Männer halten die TV-Fernbedienung für die segensreichste Erfindung gleich nach dem Bier. Zwei bis drei Stunden fliegende Programmwechsel täglich schafft er unter der Woche und verkonsumiert dabei pro Jahr 143 Liter Bier, 43 Kilo Zucker in jeder Form und 40 Kilo Wurst. Von Chips, Pizzen und pappigen Pommes ganz zu schweigen. Selbst swingende Yuppies gestehen ein, daß sie zu dem ständig wachsenden Drittel der Männer gehören, die sich allabendlich lieber in die Videothek aufmachen, statt sich nach einem zügigen Garderobenwechsel und telefonischem Rundruf wieder ins Getümmel zu stürzen.

Irgendwann folgt für alle der schwierigste Teil. Das Bett. Und hier hat sich trotz aller verwirrenden Zahlenspiele von Männermagazinen und avantgardistischen Frauenblättern im Laufe der letzten zwanzig Jahre wenig geändert. Sexualforscher und Verhaltenstherapeuten bestehen darauf, daß es dort im seltensten Fall lustig und lustbetont zugeht. Die saubere Aufteilung in drei gleichgroße

triebarme Tortenstücke gilt wie gehabt. 30 Prozent haben zweimal Sex pro Woche, dreißig Prozent ein paarmal im Monat und das letzte Drittel bringt es nur auf ein paarmal pro Jahr oder läßt es ganz.
Selbst wenn es zum Sex kommt, kommt es Adam nicht immer, und es kommt ihm auch gar nicht darauf an, so behauptet eine Frauenzeitschrift nach eingehenden Befragungen der bis zu Dreißigjährigen. 50 Prozent von ihnen ist ein eigener Orgasmus egal, und 90 Prozent – oh, ihr Doppelblindstudien! – legen nur Wert auf den Orgasmus ihrer Partnerin. Sexprotze wie Gunter Gabriel mit einem Verschleiß von 5000 Bettgenossinnen reichen nur noch für Talkshows. 46 Prozent aller Männer leiden unter Potenzproblemen, haben Kastrationsängste (55 Prozent) und fürchten, daß ihr Penis nicht die neue Kondom-Euronorm von gut zwanzig Zentimetern ausfüllen könnte. Bisher galten schließlich betriebsbereite 14,7 Zentimeter als durchaus tragbar. Die 19–29jährigen, sonst Vorreiter auf jedem Gebiet, verhalten sich sexuell auch eher bedeckt. Quickies und schnelle Wechsel mögen sie nicht. Einer Partnerin pro Jahr sind sie treu. Ehemänner neigen in 86 Prozent aller Fälle zum Seitensprung – allerdings mehr gedanklich. In der Praxis sind sie durchaus solide. Nur jeder vierte setzt seine Phantasien in die Tat um.
Ist alles geschafft und abgeschlafft, dreht Adam sich erlöst auf die Seite. Seinen Wortschatz hat er eh schon im Job verbraucht, und 75 Prozent aller

Männer hassen es nach wie vor, über ihr Seelenleben zu reden. Sie drehen sich auf die Seite, rollen sich in ihr Nachthemd, denn das hat laut der Bekleidungsindustrie den Pyjama und auch die schon tagsüber getragene Unterwäsche abgelöst, und fallen in den wohlverdienten Tiefschlaf. Swinging Singles im Doppelpack vorzugsweise zwischen Seidenlaken und einem federleichten Daunenoberbett, jubelt die Textilbranche. Tierschützer können beruhigt sein: Modepapst Karl Lagerfelds Bekenntnis, daß er sommers unter weißem Zobel und winters unter Hermelin schläft, kann sich bei normal Sterblichen nicht recht durchsetzen.
Was also bleibt übrig unterm Strich? Adam schuftet, kasteit sich, hat Selbstzweifel und schlaflose Nächte, rennt jedem neuen Trend hinterher und lebt trotz allem nicht länger. Eva überrundet ihn immer noch um schlichte acht Jahre. Tendenz steigend. Dabei könnte er es so einfach haben und statistisch zumindest lässig aufholen, auch das lehren wissenschaftliche und weniger wissenschaftliche Untersuchungen: Streßabbau und Frustrationskappung in männlichen Selbsterfahrungsgruppen bringen drei bis vier Jahre plus auf der Altersskala. Genausoviel wie kräftige Tränenschauer oder eine Ehe. Egal wie häufig, glücklich oder dauerhaft. Auch Naßrasierer können aufatmen. Sie leben a priori länger, sollen zärtlicher, leidenschaftlicher, begehrenswerter sein und ein erfüllteres Sexleben haben. Ein absolut lebensverlängerndes Potential.

28 Kilo abspecken, würde den Herztod ad acta legen. Die Entfernung der Prostata, sie wiegt eh nur 20 Gramm, würde das Krebsrisiko erheblich mindern. Reichen diese kleinen Schritte nicht, hilft nur ein radikaler Schnitt. Bei kastrierten Männern steige die Lebenserwartung um dreizehn Jahre. Sagt die Statistik.

Oh, Adam – welch ein risikoreicher Einsatz, und wohin führt dich das? Steil nach oben. Der Adam der 90er Jahre hat es geschafft. Durch sein neues lustvolles Körperbewußtsein, seine Gefühlsbetontheit, sein gewandeltes Konsumverhalten ist der alphabetische Absturz längst gemildert. Ad acta gelegt. Adam bleibt auf Platz eins im Alphabet. Nur in veränderter Form. A wie androgyn heißt die neue Devise. Wenn das nichts ist.

Heike Gätjen, *Jahrgang 1943. Studium der Soziologie und Volkswirtschaft, Redakteurin beim »Hamburger Abendblatt«. Nach langjährigem Aufenthalt in den USA Ressortleiterin und Textchefin bei verschiedenen Frauenzeitschriften. Arbeitet heute als freie Autorin in Hamburg. Verheiratet, drei Söhne.*

Ulrike Posche

Der Herzaufreißer

Es ist der Phlox, der kurz vorm Verblühen so unerhört duftet. Immergrüne Sträucher und Bäume ringsum bilden bloß eine blickdichte Wand. Die Nacht ist lau, aber laut. Denn das Grundstück, auf dem Alexander D., Partnervermittler, Doktor ehrenhalber und Gasthörer der Uni Bremen – Fachbereich Psychologie – ein ehemaliges Schwimmbad zu seinem Haus umgebaut hat, liegt in der Einflugschneise des Hamburger Flughafens. »Das sehe ich auf den ersten Blick«, sagt D. durch die Düsen der Boeing, »daß Sie mehr der romantische Typ sind. Das seh ich sofort.« Er trägt Goldschmuck, Haarteil und maritimes Weiß. Und wenn er die haarigen Episoden seines Lebens runterspult, ruft er seinen altdeutschen Schäferhundwelpen »Teddy« und krault ihm liebevoll das kindliche Fell. So geht der betörend duftende Sommerabend mit dem jetzt zu Recht oder Unrecht verurteilten Heiratsvermittler Dr. h. c. Alexander D. mal los.

Als Gesine B. an einem Januartag im Jahr '94 wie jeden Samstag die Rubrik »Treffpunkt« in der Ostsee-Zeitung durchstreifte, stieß sie auf Hemingway und hatte keine Ahnung von Herrn D. »Hemmingway hat einmal gesagt«, so stand dort schwülstig, wie sie heute findet, und mit zwei »m«, mitten in den Bekanntschaftsanzeigen: »Hemmingway hat einmal gesagt, alles auf dieser Welt ist käuflich, aber niemals das Wedeln eines Hundeschweifes.« Die 45jährige Lehrerin, frisch getrennt und Mutter einer Adoptivtochter, kreuzte den Text des belesenen »Unternehmers in den besten Jahren« an, der angeblich die einsamen Jagdausflüge des Herzens so satt hatte wie sie, und der Hemingway mochte – wie sie.

Gleich am nächsten Tag schreibt sie dem Herrn einen langen persönlichen Brief, erzählt aus ihrem Leben in der Greifswalder Trabantensiedlung Schöneichen, erzählt von ihrem Wunsch, endlich einmal jemanden zu haben, mit dem sie die Alltagslasten teilen kann. Einen, der da ist, wenn die Welt über dem Kopf zusammenkracht, der ihre Hand hält, wenn sie am Ryck sitzt und zusieht, wie die Segelboote vor der Ziehbrücke schaukeln.

Eine Woche später hat sie ein Telegramm der Partnervermittlung »Maritim« und eine Verabredung mit Ulrich Alexander D. im Bahnhofshotel von Stralsund. Heute versteht Gesine B. überhaupt nicht mehr, warum sie ihm, dem Herrn D., damals so ihr Herz ausgeschüttet hat. Warum sie annahm, daß der Mann mit dem Schnauzbart und der Redegabe eines Türdrückers, warum ausgerechnet der ihr wie ein Engel im düsteren Tal erschienen war. Den Mut für Verwegenes, der wohl in ihr hockte, hat dieser Mann herausgelockt, ihre Ängste vor den kommenden Jahren des Alleinseins hat er aufgespürt. Und dann hat er ihren Hoffnungen Futter gegeben wie einer halbverhungerten Katze. »Sie werden auch nicht jünger«, giftete er sanft lächelnd. »Denken Sie doch auch mal an Ihre Tochter«, drängelte er. »Welche Chance haben Sie denn sonst hier in Greifswald, einen qualifizierten Herrn kennenzulernen!« stichelte er und ließ sie in seinem Ordner stöbern, in dem er die ausführlichen Biographien und Fotos der zur Verfügung stehenden Herren in Klarsichthüllen abgeheftet hatte. Daß es den offerierten Hemingway-»Unternehmer« so nicht direkt gab, hat Gesine B. nicht gestört, die Auswahl war auch sonst interessant genug.

»Ist doch wohl einleuchtend«, sagt der Partnervermittler, daß man auch in diesem Gewerbe »immer die beste Margarine ins Schaufenster legt«.Und D., der Annoncen-Rilke, redet mit Überschall. Er lobpreist die Art, mit der er quasi als Privatsekretär und Detektiv die Kandidaten durchcheckt, referiert die Untrüglichkeit seines Systems, Menschen zusammenzuführen und ihnen dabei die üblichen Enttäuschungen zu ersparen.

Gesine überblättert »einsame Piloten«, die nur von ihrer Haushälterin begrüßt werden, Götter in Weiß, die bloß in traurige Kinderaugen schauen,

Bankiers, die gern mit ihr die Seele baumeln ließen. Doch sie kann ihr Mißtrauen einfach nicht ablegen, selbst als D. wegen des langen Zögerns ungehalten wird. Hastig legt er nach, erzählt ihr von seiner Yacht in Hamburg, auf der er Ausflüge für die Klienten veranstaltet, schwärmt von Vernissagen in Eppendorf und anderen »tollen Gelegenheiten«, die er fürs Kennenlernen organisiert. Er verschneidet seine heiteren Gemälde mit Skizzen leerer Herbstabende: »Ohne einen Partner geht es eine Zeitlang gut. Aber irgendwann geht die Tür zu, wir sind allein. Wir gucken ins Fernsehen, gucken aber nicht hin. Wir hören ins Radio, hören aber nicht hin. Wir lesen ein Buch, und fangen es noch einmal von vorn an.« Die Lehrerin denkt an die Schwarte, die auf dem Couchtisch liegt – »Beim nächsten Mann wird alles anders«. Sie denkt an die »Single-Bar«-Sendung im vorpommerschen Sonntagnacht-Radio. Hat der Mann nicht recht?

Inmitten seiner Dauerbeschallung muß es Gesine B. irgendwann vorgekommen sein, als sei alles vorbereitet; als müsse sie »ihre Schmetterlinge im Bauch« wirklich nur noch starten lassen für einen Mann, der schon lange auf sie wartet und Arm in Arm mit ihr die Welt in die Schranken weist. Schiller, Don Carlos. Mit einem Schulterwurf schickt die Sportlehrerin ihre Bedenken in die Ostsee. Nein, was macht das schon, daß sie die ukrainische Universität nicht kennt, die diesem Amateur-Psychologen hier am Tisch des Bahnhofshotels eine Ehrendoktorwürde verliehen haben soll. Sei nicht so ossihaft, ruft sie sich zur Räson, als sie sein »Yacht-Vernissagen-Premieren«-Geplapper übertrieben, hamburgisch, angeberisch findet. Was heißt schon schiefgehen, pfeift sie ihre innere Stimme zurück.

Da schiebt D. ihr den Vertrag mit der »Maritim«-Partnervermittlung hin, die heute »P.E.F.« heißt und zwischendurch »Noblesse« hieß. Fünf Vorschläge sieht der Vertrag vor, drei Herren gibt er ihr gratis obendrauf. Er ist reizend zu ihrer Tochter, er zahlt das Essen in Stralsund, er fotografiert Gesine B. 26mal für die Kartei. Dann gibt sie ihm 2000 Mark, die sie von ihrem Dreitausendmark-Gehalt gespart hat. Jetzt will sie ihren »Maritim«-geprüften Mann, und zwar schnell.

»Die Materie Frau«, so weiß der Heiratsvermittler aus 15jähriger Erfahrung, »ist immer der schwerste Part.« Denn die Frau könne nicht warten. Mit einer Kaltschnäuzigkeit, wie er sie nie bei Männern kennengelernt habe, wende sich die lebenshungrige Frau schon dann ans Institut, wenn sie sich noch nicht einmal vom alten Mann getrennt, geschweige denn abgenabelt habe. Dabei sei das die wichtigste Voraussetzung für einen Vermittlungserfolg – das Abgenabeltsein. Frauen wollten am liebsten drei Wochen nach Vertragsabschluß den Garantiepartner.

Auch überschätzten Frauen die »Dimension der eigenen Ausstrahlung fast immer«, meint der 53 Jahre alte Paarvermittler festgestellt zu haben. Da möchte er manchem Lieschen Müller, das für sich nur einen Arzt, allenfalls einen Bankier in Frage kommen ließe, manchmal auf den Kopf zusagen: »Schauen Sie sich doch mal physisch und psychisch an. Glauben Sie, Sie können den Adonis erwarten oder einen Akademiker?« Wenn man ehrlich wäre, so räsoniert D. über sein Gewerbe, dann müsse man 90 Prozent der Kunden ablehnen. Denn die meisten hätten weder »die psychischen noch die physischen Voraussetzungen«, um »die soziale Einrichtung einer Partnerempfehlung« richtig zu nutzen.

Den rotwangigen Staatsanwalt im Pinneberger Amtsgerichtssaal, wo D. wegen des Vorwurfs der »Vermögensschädigung« auf der Anklagebank saß und unzufriedene Kundinnen als Zeugen gegen ihn aussagten, diesen leicht errötenden Jung-Staatsankläger würde er nicht für Geld in die Kartei aufnehmen. Das habe er ihm auch ganz klar gesagt. Der Jurist, der ein bißchen so wirkte, als wohne er noch bei der Mutter, sei aus Profisicht einfach schwer vermittelbar. Richter Dieter Schöne dagegen, mit seiner liebenswerten ostfriesischen Art, den würde er sofort los. Da hat er praktisch schon die Anzeige im Kopf: Können Sie sich vorstellen, nochmals mit einem unverbesserl. Romantiker in einem alten Jugendstilhaus richtig glückl. zu werden? Einen berufl. erfolgr. Juristen um sich zu haben, der aber auch manchmal ein großer Lausbub ist? – Ja, das Dichten liegt dem Ulrich Alexander D. wie keinem anderen Gelegenheits-Poeten. Da gibt er sich viel Mühe. Und deshalb lesen sich seine Werke ebenso flaumig wie die 50-Pfennig-Omen aus dem Wahrsageautomaten im Märchenwald.

»Der zwischenmenschliche Bereich«, sagt der enttäuschte Mittelsmann, der sei »zwar der schwerste, aber auch der schönste«. Warum soll er also die Menschen, die er vermakelt, nüchtern anbieten, wenn es auch schön geht: »Ich kann schreiben: Da ist ein Sportler, der fährt gern Ski und schreibt Gedichte. – Ich kann aber auch sagen: Stets inspirieren ihn die Wintermonate, seiner Leidenschaft als Skiläufer nachzugehen, wobei ihn die schneeverhangenen Berge inspirieren, seinen Block dabeizuhaben, um seinen poetischen Gedanken in Form eines Gedichts Ausdruck zu geben.«

»Was ist daran kitschig«, fragt D. entgeistert. »Wenn durch mich nur ein Klient einen Partner kennenlernt, den er nachts um eins anrufen kann, wenn er einen Moralischen hat, dann«, so sagt Ulrich Alexander D. und streicht sich den blonden Schnurrbart, »dann war es die Sache wert.«

Wie bei dem »beratenden Betriebswirt« Klaus-Hinrich B. Zehn Jahre habe der auf die Richtige gewartet. Ganz locker habe er »Schnupperkaffee«-Termine mit Damen von D.s Partner-TÜV gemacht. Und endlich, nach einer Dekade, war ihm

die Ärztin aus Wismar offeriert worden. Der blankköpfige Mann griff zu und lebt nach eigener Zeugen-Aussage bis heute »sehr glücklich« mit ihr zusammen.
Bei Vera N. hat das nicht hingehauen. »Mehr als zehn Herren«, memoriert sie vor Gericht, habe ihr der Vermittler präsentiert, von denen nicht einer auch nur annähernd »noblessemäßig« gewesen sei. Einer habe einen Job von ihr gewollt, ein anderer war bloß Gärtner, der nächste erschien ihr unseriös, weil er abends um acht sagte: »Kommen Sie doch einfach bei mir vorbei.« Es habe ja nicht unbedingt ein Professor sein müssen, räumt Vera N. ein, »aber für meine 3000 Mark habe ich eben Leistungen sehen wollen«. So habe sie sich bei der Vermittlung derart lange beschwert, bis D. der stämmigen Frau am Telefon sagte: »Bei Ihrem Aussehen und Ihrem Alter ist es auch nicht so einfach, einen zu finden.« Und nun, wo sie ihn auf der Anklagebank sitzen sieht, mit schütterer Stirn, karierter Hose und natofarbenen Zehensandalen, in denen er nach einer Ballenoperation weiße Socken trägt, empfindet sie eine warme Genugtuung für die verletzende Telefonauskunft: Sie will sich rächen, er soll bestraft werden!
Doch wofür, das ist selbst Richter Schöne erst nicht ganz klar: »Ich habe in der ›Brigitte‹ gelesen«, sagt er, »daß man mindestens auf zwanzig Anzeigen schreiben muß, um einen passenden Partner zu finden.« Aber Frau N., die Lehrerin Hildegard P.,

Gesine B. aus Greifswald, eine Akquisiteurin aus Kaltenkirchen, sie alle fühlen sich betrogen. Schließlich ist D. schon einmal verurteilt worden, weil er angesichts seines dramatischen »Frauenüberhangs« Herren angeboten hatte, die nur »mehr oder weniger« existierten oder definitiv verstorben waren.
Henriette B. will einfach nur Nachfolgerinnen schützen. »Das alles ist mir wie eine Seniorenkaffeefahrt vorgekommen«, sagt die 56jährige Werbekauffrau, die sich deshalb der »Interessengemeinschaft der Noblesse/Maritim-Geschädigten« angeschlossen hat. Man will nur Kaffee und Kuchen, und hinterher hat man eine Rheumadecke: »Ich hatte mir einen Kinderarzt aus der Südheide ausgesucht und statt dessen die Biographie eines Jägers aus Holstein gekriegt«, sagt die Tierfreundin, »und später den Anruf eines Herrn aus der Karpfenstadt Rheinfeld.« Sie habe letztendlich den Verlust der 1000 Mark als gerechte Strafe gegen sich und ihre Naivität empfunden. Aber es ist dann doch ein gutes Gefühl, wenn man einen Teil der Enttäuschung zurückgeben kann an den verurteilten Vermittlungsbetrüger. An den ehemaligen Bettwäsche-Vertreter, Kellner, Fremdenlegionär, auf den sie, wie sie alle im Rückblick ihren mutigen und vor anderen geheimgehaltenen Ausrutscher nennen, »reingefallen« sind. D., so scheint es, ist heute der Hauptschuldige ihrer kaum mehr behebbaren Einsamkeit.

»Was soll ich machen?« fragt Dr. h. c. D., Gastprofessor der Staatsuniversität Zaporozhye in der Ukraine: »Da ist ein lieber, netter Internist, der will eine attraktive Frau. Und da ist die Lehrerin und will den Internisten. Also kriegen die ihre Biographien im Austausch, und dann sagt er: Die sieht ja aus wie meine Ex-Frau – so was will ich nicht mehr. – Soll ich dann anordnen: Du gehst jetzt gefälligst hin!«.
Nachdem Gesine B. im Frühjahr '94 den Vertrag unterschrieben hatte, passierte lange nichts. Nach sechs Wochen und vielen Anrufen, die sie aus einer Greifswalder Telefonzelle führte, schickte die Agentur ihr die Biographie eines Spediteurs aus Hamburg. Nach Wochen erreichte sie den Mann. Der wußte nicht, daß eine solche Biographie von ihm existierte. Er habe eine Frau und kein Interesse an einer zweiten. »Mein Mißtrauen ist seitdem so riesig«, sagt die dunkelhaarige Lehrerin und blickt auf den Fluß, der die Yachten vom Greifswalder Bodden ins Land trägt, »selbst wenn der Richtige jetzt daherkäme, würde es schiefgehen, weil ich niemandem mehr traue.«
Gesine B. ist inzwischen 49 geworden. Und alten Ritualen folgend kreuzt sie trotz allem samstags nach dem Einkaufen noch immer das Interessanteste aus dem »Treffpunkt« an. Eine Woche lang liegt die Anzeige dann wie ein flatterndes Mahnmal auf dem Altpapierhaufen, bevor sie der Container schluckt. Manchmal begegnet Gesine einem ech-

ten Ulrich Alexander D.: »Liebst Du nicht auch den rauhen Wind, der vom Norden bläst? Die Gefühle der Romantik, die mich bewegen, wenn ich in der Südsee am Steuerrad einer Yacht die Seele baumeln lasse? Unter dem seichten Säuseln der Wellen den endlosen sternenklaren Himmel betrachte? Verdammt, es muß sie doch geben, die Frau meiner Träume mit Seele, Herz und Verstand. Auf Deinen Brief wartet ein wunderschöner Langhaar-Schäferhund und sein schlankes Herrchen . . .«
Da sitzt er nun, der Herr D., irgendwo zwischen Pinneberg, Phlox und Hecke, das Handy auf dem Tisch, und wartet mit »Teddy«* auf die »Traumfrau, die Wind, Wellen und den sternenklaren Himmel« liebt. Privat natürlich nur; denn beruflich ist der Partner-Vermittler D. inzwischen von Richter Schöne für vier Bewährungsjahre aus dem Verkehr gezogen worden.

* Alle Namen geändert – auch der des Hundes.

Ulrike Posche, *Jahrgang 1957, schrieb während des Studiums für die »Rheinische Post« und die »Münstersche Zeitung« wahre Geschichten. Nach dem Besuch der Henri-Nannen-Journalistenschule in Hamburg wurde sie vom »Stern« als Reporterin engagiert. Dort schreibt sie seit zehn Jahren über Menschen, Männer und die ganz Mächtigen in der Politik.*

Carmen Korn

Lob des Mannes

Ich werde jetzt ein Lied singen. Mit der zitternden Stimme der Zaghaften, denn ich ahne schon den griechischen Chor, der im Dunkeln steht und voller Zorn gegenan singt, und daß ich in einem glücklichen Getto lebe, ist einer seiner freundlichsten Einwände gegen meinen Text. Ich singe zum Lob des Mannes.

Ich hätte jetzt gern ein Wort mit M. Es singt sich einfach besser. Marvelous. Magnifique. Ja, das sind sie, die Männer. Sie säen und ernten für ihre Familie, finden auch noch Zeit, die Ernte zuzubereiten, und während sie kochen und dabei fotografiert werden für einen Artikel über kochende Männer, kümmern sie sich um die Kinder. Ja, ich sehe ihn, wie er den Vierjährigen geduldig am Teig kneten läßt für die eigenhändig gemachten Tagliatelle, es stört ihn gar nicht, wenn der Kleine sich mit den klebrigen Händchen an seines Vaters Levis 501 festhält. Nicht nur, daß er ein Halt für alle ist, nein, er hat obendrein einen knackigen Hintern, der Mann. Marvelous.

Einen Moment. Ich muß lauter singen. Der Krach aus der Küche. Ein erwachsener Mensch, der bereit ist, sich so mit seinem Kind auseinanderzusetzen, die Argumente hin- und herfliegen zu lassen, als ginge es um etwas Wichtiges, wo findet man das? In meiner Küche, sage ich. Singe ich. Kükü. Das singt sich hart. Kein guter Klang. Magnifique. Marvelous. Na, das läuft doch gleich wieder weicher.

Oh ja, ich kenne die komische Geschichte von kochenden Männern, die ein Chaos in der Küche hinterlassen, nachdem sie aufs Kreativste eine Mahlzeit hergestellt haben. Es scheint, als sei die Geschichte der Ersatz für den guten alten Witz von der Ehefrau und dem Nudelholz. Mann kehrt trunken heim, Frau steht hinter der Tür, schwingt Holz. Bei uns gibt es keine Stapel des schmutzigen Geschirrs in der Küche. Im Gegenteil. Er gibt mir immer wieder Ratschläge zum Einräumen einer Spülmaschine, nimmt mir das Geschirr aus der Hand, weil ich einfach nicht durchschaue, wie es zweckmäßig hineinzutun sei. Es drängt sich einem ohnehin der Eindruck auf, als hätten die Karikaturisten und die kabarettistisch Ambitionierten unter den Schauspielern des Landes die Frau als Objekt ihrer Begierde fallengelassen, um sich ganz dem Manne zu widmen. Wie kämen sie denn sonst dazu, noch immer das Ekel zu geben, das mit dem Bier vor der Glotze sitzt und die geschundene Ehefrau herbeiblökt. Dies Bild muß sich lange vor der Erfindung des neuen Mannes in ihren Köpfen festgesetzt haben.

Verlassen wir die Küche und das Kabarett, schließlich finden Männer auf vielen Gebieten zu großer Brillanz, arbeiten an der Wickelkommode genau so gut wie beim abendlichen Baden der Brut. Nein, Papi, nein. Nicht die Haare waschen. Wo ist mein Boot? Wo ist Batman? Keine Seife. Nicht die Haare. Wie wunderbar liegt über allem der warme Bariton, wie leicht und locker erträgt er das völlige Durchnässen der Levis 501. Keine traditionell weibliche Aufgabe, an die er sich nicht traute, um sie umsichtig auszuführen. Ach so gut, daß sich ein Mann der Orgie im Bad annimmt, denn hatten Frauen nicht immer schon die Neigung, alles durch den Abfluß zu jagen, auch Klumpen nasser Kleenex, aus denen die Kinder leckere Küchlein gebacken haben, und dann dabei das Rohr zu verstopfen?

Eine lange Strophe. Vielleicht habe ich sie doch zu hastig gesungen. Leichte Atemlosigkeit, dabei teile ich die doppelte Belastung längst mit ihm, kein Grund, aus der Kondition zu kommen, beide verwirklichen wir uns beruflich, beide teilen wir die vielfältigen Aufgaben in der Familie. Ohne Frage ist er häufiger außerhäusig als ich, seine Arbeit ist eben mit leichter Reisetätigkeit verbunden, mich fragt gar keiner mehr, ob ich eine andere Aussicht genießen möchte als die von meinem Schreibtisch in die fünf Zimmer Altbau. Verzeihung. Ich muß doch noch mal die Stimme geschmeidig machen, beinah hätte ich an der Melodie vorbeigesungen. MaMaMa. Marvelous.

Lady sings the Blues. So weit kommt es noch. Wir wollen einen guten Jazz, den, der von der Liebe weiß. Der Mann als Liebhaber. Die beiden Wörter mit dem M sind jetzt bekannt, wir singen sie also im Refrain. Und alle zusammen. Männer sind zärtlich. Phantasievoll. Lassen sich Zeit. Ich kenne eine Frau, die ihren Mann bat, das lange Vorspiel sein zu lassen und eher zur Sache zu kommen. Es gibt eben Menschen, die sich den großen Erkenntnissen und Entwicklungen entgegenstellen, das ganze Theater um Galilei ist ein Beweis dafür. Der Mann unserer Zeit schält sich jedenfalls aufs anregendste aus den 501, gerade sind sie getrocknet, nachdem er des über den Rand getretenen Badewassers Herr geworden ist. Was gibt es Wunderbareres als Rituale, die Kerze anzünden, das Präservativ aus der Schublade holen, man mutet der Frau schließlich nicht mehr die Pille zu, ihr das langstielige Glas geben, die alte Platte auflegen, Duke Ellington, Sophisticated Lady. Und dabei nicht nur dem Duke lauschen, sondern auch auf die Geräusche aus dem Kinderzimmer, und hört er von dort nur das Schnarchen der

Kleinen, überkommt ihn eine ungeheure Zärtlichkeit.
Das war doch eine sanfte Strophe, nicht wahr? Allein das Wort Zärtlichkeit, obwohl mit Z, läuft es einem doch nur so aus dem Munde. Ja, man muß aufpassen, daß einem dieses Lied nicht zum Couplet gerät, denn wir wollen ja keinen satirischen Kehrreim singen, sondern meinen es ziemlich ernst. Wir lieben die Kerle. Und finden, daß sie eine Menge kapiert haben. Nicht alle. Aber viele von ihnen. Der griechische Chor murrt. Ich höre es. Glückliches Getto. Mag sein. Doch haben die Männer und Frauen heute nicht die besten Chancen, dem Geschlechterkrampf zu entkommen? Na ja, das Geplänkel wird bleiben. Verstehe einer die Frauen. Männer kapieren nie was. Wer will diesen Gesprächen von Frau zu Frau, von Mann zu Mann den fruchtbaren Boden entziehen?
Was gibt es denn Schöneres, als gemeinsam an einer guten Show zu arbeiten? Der Mann am Klavier. Die Frau vorn an der Rampe. Kein Mikrophon. Ihre Stimme trägt. Kein Zittern mehr. Kein Zaudern. Sie kennt ihren Text, und sie kann ihn vertreten. Der Chor singt auch, doch bitte ohne die harschen Töne. Es läßt sich leicht alles wegschmettern, auch der bessere Mann.
Lob des Mannes. Jede Liedform ist denkbar zu diesem Text, das Deutschlandlied läßt sich ja auch zur Melodie von Mackie Messer singen. Vergessen wir die Hymne, sonst ist alles möglich, vom Chanson

zum Kirchenlied. Ich denke im Augenblick eher an den Gesang zur Bigband. Oder doch ein heiseres Saxophon? Zieh die Levis 501 aus, Junge. Wir üben jetzt ein wunderbares Duett ein.

Carmen Korn, *Jahrgang 1952. Lebt in Hamburg und schreibt für »Brigitte« und DIE ZEIT. Hat zwei Romane veröffentlicht, »Thea und Nat« und »Das Singende Kind«, Rasch und Röhring Verlag. Sie ist mit einem Journalisten verheiratet, der vorzugsweise über Kulinarisches schreibt, und hat zwei Kinder.*

Paula Almqvist
Bedingt brauchbar

Der schöne Mann. Noch viel weniger als schönen Frauen traut man ihm Treue, Edelmut oder eine abgeschlossene Ausbildung zu.
Schöne Frauen dürfen sich ihrer Attraktivität bewußt sein. Sie sollen es sogar, wollen sie nicht als Heuchlerinnen und falsche Luder gelten. Schöne Männer müssen immer so tun, als wüßten sie gar nicht, wovon die Rede ist. Und selbstverständlich reden wir, innerlich wegschwimmend auf der kristallblauen Iris, den Praliné-Sümpfen seiner Augen mit diesen Wimpern, die keine Mascara-Bürste brauchen . . . also, wir reden von seinem Wissen, seinem Fleiß, seinem guten Charakter. Wir streicheln seine Sammethaut und sprechen über Mehrwertsteuer. Sonst wird er uns womöglich verlegen, und das können wir heute abend am wenigsten gebrauchen. Die bewährte alte Casanova-Falle, wonach man den Klugen sagen muß, daß sie schön sind, den Schönen aber, daß sie klug sind . . . sie klappt bei Männern noch besser als bei Frauen.
Schöne Frauen, die sich schön anziehen, sind okay.

Sie haben Geschmack und bekennen sich zu ihrer Identität. Schöne Männer, die mehr als zwei lange Samstage und ein halbes Monatsgehalt pro Jahr für Kledage ausgeben, sind dem germanischen Ethos verdächtig. Maßkleidung zum Beispiel ist hierzulande ein Mittel zur notdürftigen Bauchweiten-Retusche von Problemkörpern, wie sie gehäuft bei Politikern und anderen Führungspersonen auftreten. Aber schöne Kleider an schönen Männern – da schreien wir gleich: Narziß! Zuhälter! Boutiquen-Stenz!

Ja, auch diese bekömmlichen Leinenjacketts, zerknittert, sündteuer und italienischer Bauart, über den gebräunten Unterarmen hochgekrempelt, als führe der Träger allmorgendlich zur See statt in die Amtsstube – sie täuschen keine Landpomeranze mehr. Ein schöner Mann, der sich dazu noch schön und teuer anzieht? Die Kluge Else läßt ihn fallen wie eine heiße Kartoffel. Denn zu schöne Männern sind bekanntlich dumm. Schöne Frauen gelten ebenfalls als dumm, doch hält der Volksmund ihnen zumindest zugute, daß dumm gut fickt. Dieser Aberglauben-Bonus wird Männern nicht zuteil. Haben wir doch immer den Verdacht, daß schöne Männer entweder heimlich oder unheimlich schwul sind.

Wenn Frauen sich für schön halten, stimmt es meistens. Sie haben aufgrund ihrer Sozialisation eine jahrelange Materialprüfung durchlaufen – von der Prinzessinnenrolle im Kindergarten bis zu den unwägbaren Vorteilchen bei der Jobsuche. Buben fehlt dieser Schliff der Selbsterkenntnis. Auch in den modernsten, auf Nivellierung der Geschlechterrollen bedachten Erziehungssystemen achtet niemand wirklich drauf, ob Hänschen in Strumpfhosen eine gute Figur macht. Hauptsache, er hat seine Babypuppe lieb.

Erst voll erblüht muß sich der naturschöne Mann den schlimmsten Eignungstests unterwerfen, und dabei lauern alle drauf, daß er sich blamiert. Im Gegensatz zu seinem schütteren Cousin mit dem Karnickelgebiß kann er es keinem recht machen: Umsorgt er höflich die Frauen, feuergebend, türaufhaltend, mäntelschlupfend – dem Schönen wird's nicht als Höflichkeit, sondern als Leimrute ausgelegt. Gibt er kein Feuer, öffnet keine Tür, hilft nicht in den Mantel, so ist er ein in Selbstbespiegelung versunkener eitler Pfau und Stoffel, während man die gleiche Verhaltensweise seinem muffigen Bruder als Geistesabwesenheit eines Dichters und Denkers auslegen würde.

Schöne Männer haben's wirklich nicht leicht, obwohl die Nachfrage dramatisch steigt. Sie sind längst ein Statussymbol der Yuppie-Frauen geworden. Einen BMW kann sich schließlich jede erarbeiten, eine night-on-town an der Seite eines spektakulären Beau hingegen nicht. Frau schindet heute keinen Eindruck mehr mit einem alternden Glatzkopf, wenn er nicht grad boulevard-geprüfter Milliardär ist. Neue Männer will das Land. Und

zwar schöne. Leider ist das noch nicht überallhin durchgedrungen. Engstirnigkeit und Komplexe verhindern die Emanzipation des schönen Mannes. Während welke Männer in Begleitung wunderschöner junger Frauen auf die hüstelnde Frage vom Hotelportier »Sicher Ihre Tocher . . .?« zu geschmeichelten Reaktionen imstande sind, haut es umgekehrt nicht recht hin. »Ist dieser Adonis Ihr Neffe oder Ihr Sohn?« Die Frage des Portiers, selbst wenn nur mit den Augen ausgesprochen, hat schon manche Verzweiflungstat eingeleitet.
Die Welt ist gemein zu männlichen Lichtgestalten. Hat ein wahrer Schönling nur eine Frau statt an jedem Finger zehn, so dichten wir ihm flugs einen Mutterkomplex an – besonders, wenn diese Frau nicht ganz so blendend aussieht oder gar ein Jährchen älter ist. Hat er ein Mannequin zur Freundin, so beweist das seine Oberflächlichkeit. Hat er viele verschiedene, so gilt er als pathologischer Fall von Bindungsunfähigkeit. Hat er gar keine . . . na, Sie wissen schon!

*

Der faule Mann. Jahrzehntelang waren die Haushaltspflichten eines Mannes klar definiert: Er brachte den Mülleimer raus und holte die Kohlen sowie die Kartoffeln aus dem Keller. Da waren männliche Muskeln und Furchtlosigkeit vor Kellerasseln noch gefragt. Das hat sich in den letzten vierzig Jahren grundlegend geändert. Man hat klammheimlich den Arbeitsplatz des willigen und starken Mannes im Haushalt wegrationalisiert: Müllschlucker, TK-Pommes und Zentralheizung ersetzen ihn, wie man leider sagen muß, hervorragend. Man muß denen noch nicht mal schön tun, damit sie ihre Pflicht erledigen. Also mußte der deutsche Mann haushaltsmäßig umgeschult werden. Das besorgte die gesellschaftliche Debatte. Insbesondere die klare, kräftige Stimme der Frauenemanzipation. Die zur Verblüffung vieler Männer bald auch in den lauschigsten Vorortheimen zu vernehmen war.

Die kluge Frau bürdete ihrem Partner – peu à peu und viel Lob sind das Geheimnis jeder guten Dressur – zunächst nur die ungelernten Arbeiten auf: Kinderwagenschieben und Staubsaugen zum Beispiel. Denn Kehren und Fensterputzen will bereits irgendwie gelernt sein. Es fanden dann bundesweite Versuche mit dem Aufhängen und Abnehmen von Wäsche statt, die aber nicht sehr ermutigend verliefen. Selbst die berufstätigen Frauen (trotz ihres Rufes als luschige Hausfrauen) waren es bald leid, ihre Blusen als Knäuel im Schrank vorzufinden und die Kindersocken im Kopfkissenbezug.

Mit seiner hohen technischen Begabung drängte es den deutschen Durchschnittsmann sowieso mehr zu den Maschinen. Wahr ist, daß Randolf den komplizierten Mechanismus der neuen Waschmaschine mit eingebautem Trockner nach fesselndem Studium der Gebrauchsanweisung eher und besser begriff als Renate. Gern drückte er die gestylten Knöpfe, hantierte souverän mit dem Programmwahlrad. Warum freut sich Renate nicht darüber? Weil sie sich fragt, ob es Dummheit oder Sabotage ist, wenn sie ihre weißen Spitzenunterhosen isabellenfarbig wiedersieht, da ihr Bordingenieur im Haushalt zwar in der Lage ist, die günstigste Waschmittelmenge und Schleuder-Tourenzahl zu ermitteln, aber wohlgemut sein schwarzes Hemd vom Flohmarkt mit reinschmeißt.

Renate ist überhaupt sehr nachdenklich in letzter Zeit. Da sie mit Randolf in einer sogenannten offenen Beziehung lebt, in der man sich unter Eheleuten alles sagt, müßte sie ihm eigentlich öfter mal über den Mund fahren. Vor allem, wenn er sich im Kreis von Freunden und Unbekannten im Brustton der Überzeugung als emanzipierter Ehemann ausgibt, der mit seiner Frau fifty-fifty bei der Hausarbeit macht. Das Dumme ist nur, daß man als Frau immer gleich als hoffnungslose Spießerin dasteht, wenn man die bodenlose Faulheit, Selbstüberschätzung und Unbegabtheit seines Partners bezüglich Haushalt auch nur mit einem Wörtchen erwähnt.

Richtig ist, daß Randolf recht klaglos in den Supermarkt abschiebt, wenn Renate ihm eine fein ausgearbeitete Einkaufsliste vorlegt, ihm die beiden Ibiza-Strohtaschen sowie die Pfandflaschen und das Portemonnaie danebenstellt. Modellprojekte, die ihren Haushalts-Azubi zu mehr Gleichberechtigung und Eigenverantwortung verholfen hätten, schlugen regelmäßig fehl. »Komme heute erst gegen zehn aus dem Büro – bitte mach Abendessen für die Kinder« bescherte ihr eine Erdnuß-Flip und Marsriegel kauende Restfamilie vor dem Fernseher. Randolf, der ansonsten sehr für Biobrot und stilles Mineralwasser ist, gab an, daß man doch wohl nicht so engstirnig leben wolle wie manche Fanatiker, und schließlich mache so ein Fast-food-Exzeß die bedrohte Vaterfigur irgendwie menschlich.

Richtig ist auch, daß Randolf sich mannhaft ans Telefon begibt und den Heizöl-Lieferanten anruft, wenn Renate ihn darauf hinweist, daß der Zeiger schon auf Reserve steht. Er murrt nicht, wenn Renate ihm seinen Anzug in die Hand drückt, damit er diesen auf dem Weg ins Büro in der Reinigung abgibt. Er murrt auch nicht, wenn er nach Hause kommt und Renate hat schon die Leiter unter die Altbaudecke gestellt und die richtige Sorte Glühbirnen besorgt – er murrt nicht, sondern seufzt nur über seine Haushaltspflichten, während er die neue Birne einschraubt, weil Renates Arme für diesen Job zehn Zentimeter zu kurz sind; und außerdem sind Frauen einfach zu untalentiert für sowas.

Renate wiederum schwankt in ihrem Urteil über Randolfs Qualifikationen im Haushalt zwischen Nachsicht und einem ungemütlichen Verdacht. Dieser Verdacht gründet sich auf das Vorleben von Randolf. Als einziger Sohn einer berufstätigen

Witwe kam er nach Aussagen der Schwiegermutter schon im Alter von dreizehn Jahren prima mit seiner Selbstversorgung zurecht. Entweder lügt Oma, oder Randolf leidet an vorzeitiger Vergreisung. Jedenfalls ist er heute im Alter von vierzig Jahren sowohl unfähig, eine schlichte Tomatensauce ohne Beraterin anzufertigen, als auch das Fehlen von Klopapier, Spüli, Milch und Brot zu bemerken.
Aber lassen wir mal Schwiegermutter beiseite: Zwei Jahre bei den Pfadfindern, später drei Jahre WG sollten ihn doch eigentlich das Saubermachen eines Backofens und eines Klos gelehrt haben. Und in seinen Single-Jahren – damals, als Renate und Randolf sich unwiderruflich näherkamen – bestach Randolf nicht zuletzt durch die kühnen Griffe, mit denen er die gebrauchte Bettwäsche Renate zuliebe durch frische ersetzte. Aber bitte ihn heute mal, das Kinderbett neu zu beziehen! Er wird sagen, daß er gar nicht weiß, welches Laken er nehmen soll, und überhaupt könne es doch Renate viel schneller als er. Zeit sei doch schließlich nicht nur Geld in einer Verbindung zwischen zwei Berufstätigen – Zeit sei doch Lebensqualität für uns beide, nicht?
Das Problem, sagt Randolf, der sowieso alles weiß, das Problem liegt ganz woanders. Das Problem ist, daß von Männern zuviel erwartet wird. Nicht nur daheim, sondern erst recht im Beruf. Renate und Randolf haben denselben. Aber für eine Frau macht es sich eben nicht so schlecht, wenn sie schon um fünf vor sechs geht, um Hustensaft für

Katharina oder die Katze zu besorgen. Macht sie sogar irgendwie menschlich, betont Randolf. Er aber könne derlei seinem Chef nicht antun. Wie stünden er und seine Beförderungschancen dann da?

*

Der gesuchte Mann. Was ein Mann können muß? Die Frage war von der Steinzeit bis vorgestern (in etwa Ende des Ersten Weltkriegs) leicht zu beantworten: Na, vor allen Dingen sollte er seine und gegebenenfalls auch noch ein paar andere Frauen ernähren können. Auch sollte er eine gute Figur auf dem Kriegspfad bzw. in Uniform machen. Treu hatte er zu sein – dem Vaterland, dem Vorgesetzten, dem Freund; nicht unbedingt der Frau. Und schließlich mußte er seine Zeugungsfähigkeit unter Beweis stellen. Dann galt er als erwachsen.
Alle reden vom Wertewandel, wir heute auch.
Der sogenannte Wertewandel hat das Mannsbild viel radikaler umgekrempelt als alle Frauenzimmer. Frauen sollen nämlich auch Ende dieses Jahrhunderts noch sein wie eh und je, wenn wir einer unbestechlichen Quelle glauben wollen. Ich rede hier von den knapp tausend bislang erschienenen Prominenten-Fragebögen des FAZ-Magazins, wo rund 700mal Männer (und zwar von Welt!) zu Wort kamen. Und auf die Frage »Welche Eigen-

schaft schätzen Sie bei einer Frau am meisten?« fast stereotyp für das zärtliche, verschwiegene, verzeihende und humorvolle Weibchen stimmten. Ein Mann hingegen kann heute kinderleicht zum Traum der Mädels, Bienen, Torten, Girls und Damen werden, auch wenn oder gerade weil er allen klassischen Maßen der Männlichkeit vorsätzlich nicht genügt.

Malen wir uns diesen Typ kurz aus: Er verdient nicht so viel, daß er uns ernähren könnte. Und wenn, so wollte er es wahrscheinlich nicht. Das ist ja das Emanzipierte an ihm. Wir, mit unserem nachsichtigen Humor und unserer zärtlichen Verschwiegenheit, sind stolz auf so einen Mann. Er dient unserer Selbstverwirklichung. Wenn Not am Mann ist, könnten wir ihn ernähren. Und er würde sich durchfüttern lassen ohne Schrund auf der Seele, ohne aus Schmach gleich impotent zu werden.

Der moderne Frauen-Schwarm braucht auch nicht schneidig zu sein wie Rambo oder der kleine Gardeoffizier. Vielleicht ist er Kriegsdienstverweigerer, weißer Jahrgang oder sonstwie hoch im weiblichen Kurs wegen seiner Schwerhörigkeit für Befehlstöne. Seine Treue gilt nicht Volk und Vaterland, sondern sich selber. »Sich selber treu sein« gilt heute als kostbare Mannestugend, obwohl es sich dabei fallweise um krassen Egoismus handeln kann. Nie war ein moralischer Wert billiger und bequemer zu erjagen.

Last, but not least tut der moderne Held alles in

seiner Macht Stehende, um weder Stammhalter noch Töchter zu zeugen. Da ist er frauenfreundlich, selbst in Fällen, wo das Gegenteil gewünscht wird.

Kurzum: Nachdem die alten Maßstäbe nicht mehr taugen – was muß ein Mann heutzutage können, um geliebt, geachtet, stolz im Freundeskreis präsentiert zu werden? Wann ist ein Mann erwachsen? Abgesehen davon, daß viele Männer dies zum Leidwesen der Frauen (hier nicht: Mütter) gar nicht für erstrebenswert halten, sondern glauben, der Ewige Junge habe noch erotische Hochkonjunktur. Für diese Zeiterscheinung gibt's bereits die griffige Schublade vom Peter-Pan-Syndrom. Das soll uns hier momentan aber nicht beschäftigen, weil es auch die meisten Frauen nur klinisch interessiert und weiß Gott nicht am eigenen Leibe. Damit auch Männer nach anstrengenden Ausflügen in die oftmals unergiebigen Macho- und Softie-Rollen endlich wieder wissen, woran sie sind: Hier zehn Gebote für den Mann, der auch morgen noch Objekt der Begierde sein möchte. Ohne Gewähr und selbstverständlich unvollständig:

- Er soll nicht große Liebe schwören, wenn er nur eine kleine im Sinn hat.
- Er soll im Lokal ein mißratenes Gericht zurückgehen lassen können, ohne laut zu werden oder vorher mehr als die Hälfte aufgefressen zu haben.
- Er soll nicht von seinen Zeiten als 68er reden wie sein Vater von Stalingrad.

- Er soll schwache Momente im Bett nicht mit seinem bösen Chef entschuldigen und schwache Leistungen im Büro nicht mit der bösen Freundin.
- Er soll nicht so tun, als ob er die Frauen verstünde. Er soll überhaupt nie so tun, als ob.
- Er soll nicht über getunte Autos fachsimpeln, wenn er im Ernstfall nicht mal einen Reifen wechseln kann.
- Er soll zum Muttertag/Hochzeitstag/Belagerungszustand weder rosa Nelken mit Spargelkraut noch Baccara-Rosen anschleppen.
- Er darf seine Angst vor Aids gern unter einem Präservativ verstecken, aber dann sollte er's in der Hosentasche haben und nicht sie zum Automaten schicken.
- Er soll die Frauen lieben. Doch den Spruch, daß Frauen die besseren Menschen sind, unterdrücken, wenn es darum geht, die Betten frisch zu beziehen oder die Kotze vom Kind wegzuwischen.
- Er soll sich nicht so wichtig nehmen.

Paula Almqvist, *Jahrgang 1945, wohnt in Hamburg und lebt am Schreibcomputer, assistiert von Mann, Kindern und Katze. Arbeitet als Reporterin beim »Stern« und gelegentlich als Drehbuch-Autorin. Mehrere Buchveröffentlichungen (u. a. »Familienstand: Geliebte«). Bevorzugte Entspannung: Unkrautjäten, Kochen, Schwimmen.*

Irene Runge

Ostmänner – Westmänner

Die Döner-Männer im blauen Haus auf der gegenüberliegenden Straßenseite, sie wetzen häufig ihre Messer. Aus der Ferne, im milden Abendlicht, erscheinen sie verwegen, wild und geschmeidig. Aus der Nähe sind sie jung, schwarzhaarig und von jenem melancholischen Langmut, der in hiesigen Breitengraden nicht sehr üblich ist. Von schönem Ebenmaß ist zu sprechen, sie scheinen sich dessen auf natürliche Weise bewußt. Routiniert stopfen sie Fleisch, Zwiebeln und Kraut in platte Pita-Brote, die sie geübt über den Tresenrand reichen. Es kommen junge Frauen, die ihr Fahrrad an die rotbraun gekachelte Außenwand lehnen, freundlich lächeln und auf ein Weilchen, ins Gespräch vertieft, stehenbleiben; es kommen junge Männer, die fast wortlos den Packen greifen und sofort verschwinden. Ist schon wieder soviel Frühling, daß Paare auf der Bank sitzen mitten in der Nacht, mit dem dicken Döner in der Hand? Da läuft mir das Wasser im Munde zusammen, und ich weiß nicht genau, ob ich mich eher nach gemächli-

chem Herumsitzen oder mehr nach gefülltem Fladenbrot verzehre.
Berlin graut am frühen Tag vor sich hin. Manchmal blitzt sattblauer Himmel durch. Jetzt, wo die Wolken wieder eilig dahinsausen, finden sich auch wieder randständigere Männer mit struppigen Hunden vor dem Laden ein. Rote und blaue Haarbüschel ragen in die Luft, silberfarben kleben kleine Ringe im Gesicht. Auch nacktrasierte Schädel glänzen. Mit einer Bierbüchse auf nichts mehr warten. So mancher sitzt stundenlang auf einer schmalen Bank, ein zweiter, dritter gesellt sich dazu, die Hunde räkeln sich gähnend auf dem Trottoir. Solche Freundschaften etablieren sich auch für den Moment.
Mir sind Männer fremd, die sicht- und hörbar den Ausstand aus allen Regeln der Gesellschaft probieren.
Über meinem Fenster schlagen derweil andere Männer einen Balkon ab. Sie rufen türkische, polnische, portugiesische Worte. Sie arbeiten auf Zeit. Zeit ist Geld. Geld ist Freiheit. Was ist Freiheit noch? In einem Container mit buntem Fernsehbild wohnen? Den vorbeiziehenden Mädchen nachsehen? Vorsichtig verschwinden, wenn sich grölend Jungdeutschmännergewalt nähert? An Rache denken? Mehrmals im Jahr fahren sie ins ferne Nachhause. Sie träumen vom eigenen oder besseren Auto, vom eigenen Gemüsegeschäft, vom eigenen kleinen Bauunternehmen, vom kleinen Glück auf

Dauer. Sie müssen die Wut über das unüberbrückbare Fremdsein verschlucken, Geld sparen, manchmal über einen der vielen Stränge schlagen, die unaufwendigen Vergnügen dehnen. Es ist die Männergemeinschaft aus Gleichen.
Hohl tönt es indessen aus den Kanälen, daß es keine Arbeiterklasse, kein Arbeiterbewußtsein, kein Arbeiterparadies gibt. Auch keine Arbeiterfestspiele. Der Arbeitnehmer ist Partner des Arbeitgebers. Harmonie muß sein. Selbst Afrika ist überall. Was braucht der Mann? Einen Freund, ein Pferd und gute Nerven.

Zum Thema Mann, soviel schien noch unlängst sicher, würde ich auf ewig Geschichten und Vermutungen aus meinem Reservoir der Erfahrungen schöpfen. Es stellt sich jedoch heraus, daß sich ein Vorrat aus Zeit und Generation auch bei Nichtnutzung aufbraucht. Die heutigen Männer erinnern nur vage an jene, die ich einst, gierig nach männlicher Liebe, als den Mittelpunkt meines Lebens verkannte. Was habe ich eigentlich so unersättlich ersehnt? Das alte Prickeln stellt sich ein, wenn ich an diese Puffer gegen die Einsamkeit denke. Der Mann ist eine riesige Projektionsfläche. Und er wundert, fürchtet und windet sich heraus, wenn ihn eine Ladung aus Erwartung und Gefühl zu erdrücken droht. Dramatische Abläufe waren seinerzeit wohl das einzig Mögliche. Wahrscheinlich lag es an Filmen und Romanen, daß die romantische Liebe nur tragisch enden wollte. Kein gewöhnliches Eheleben war aus dieser Sicht je erstrebenswert.

Beim Nachdenken über Männer fällt mir der frühere Alltag ein, das Warten auf Anrufe, Blicke, Anrufe. Briefe schreiben, zerreißen, abschicken, alles bedauern, was gesagt, was gestern aus Verzweiflung und Wut getan worden ist. Entschuldigende Zettel unter Türschlitze schieben. Wirkliche Leidenschaft kennenlernen. Sich miteinander versuchen. Ins Verlieben verbeißen. Heftige Abgänge erwägen. Auf das Telefon starren, den Hörer heben, nach der zweiten Nummer auflegen, zehnmal in der Stunde das gleiche Spiel. Telefonisch Telegramme verschicken, weil der Hörer am anderen Ende nicht mehr abgenommen wird. Besser nicht aus dem Haus gehen. Noch nicht begreifen, daß er nie wieder ein zweites, drittes Mal und zehntes Mal am Tag von seiner Sehnsucht flüstern wird. Sich einem fremden Menschen verbinden und gedankenlos wie im Gleitflug auf restlose Erfüllung der Ankunft vertrauen. Im zärtlichen Gleichklang schwimmen, Unterschiede umdeuten, im Rausch schwelgen. Jede Erkenntnis zuvor ist keine gewesen. Wird er kommen, vielleicht kommen, nicht vielleicht doch kommen, wird er anrufen, Briefe schreiben. Soll ich warten, gehen, Überflüssiges kaufen, Torte essen, Termine verschieben, warten. Keinen halben Tag das zerrende Verlangen überlisten, sich dem irrwitzigen Glück, dem Unglück,

dem Schmerz aussetzen, den Stolz verlieren, Gleichgültigkeit üben, an Mißverständnisse glauben, Neubeginn planen, nicht daran denken wollen, daß es zuvor nicht anders war, anschließend ähnlich sein wird.
Wer verläßt, kehrt zu sich zurück, wer verlassen wird, verliert den Halt. Wer keinen Halt findet, stolpert über die eigenen Füße. Es gibt Zeiten der kleinen Lügen und des großen Überdrusses. Nie wieder dieser, kein anderer Mann. Immer wieder ohne Sinn erste Augenblicke beschwören, das Weißt-du-noch, eine klopfende Regennacht, der Sommerabend am Meer, ein Ecktisch im kleinen Café, Heimlichkeit. Es gibt den Mann, der der Geliebten erzählt, wie sehr er seine Frau liebe, die er bei ihr jedesmal aufs neue verrate. So erhält sich Spannung, die mancher Lebenssinn nennt. Das allererste grobe Wortgefecht ausblenden, jedes Ende wurde frühzeitig angemeldet. Sich wünschen, er wäre tot, sich vorstellen, es hätte nie begonnen. An Hormone glauben, Tabletten schlucken, sich vergleichen, schlechter, besser, anders abschneiden als die Neue. Esoterik probieren, Horoskope lesen, Sport treiben, Ratgeber kaufen, in die Luft starren, tanzen gehen und Weinkrämpfe haben. In der Wohnung sitzen, Trübsal blasen. Irgendwann lichtet sich der Schleier, irgendwann versandet jede Trauerzeit, der Schmerz verrutscht in die Welt der Träume, im Unterbewußten lagert er sich ab. Leben *wie* von vorn. Das Wort WIE ist verdächtig.

Sommer, Frühling, Herbst, Winter. Trennungen finden immer in der falschen Jahreszeit statt. Nie wieder, nie wieder so. Das Thema Mann wirbelt mein Innerstes noch immer durcheinander.
Einer Freundin klage ich telefonisch dieses Leid. Es ist fast wie in alten Zeiten. Aber sie lacht zu schrill, sagt zu schnell, mir werde dazu nichts Neues einfallen. Ist wirklich alles längst leergeredet? Nein, und die zweigeschlechtliche Gemeinsamkeit ist nicht nur eine beherzte Illusion. Selbst wenn Euphorie vor allem als nackte Selbsttäuschung endet, gibt es noch die altmodischen Vergnügen, das Dinner bei Kerzenlicht, den schmachtenden Blick, Rosenkavaliere, einen ersten Kuß. Nie zieht außerhalb von Hollywood ein Mann unverhofft den Diamantring aus der Hosentasche, kein Rauschen des Meeres symbolisiert so ergreifend Seelenverwandtschaft wie im Kino. Lieben Sie Brahms?

Einem getreuen Freund fällt beim Bier in Sachen Mann gewohnheitsmäßig nur wirtschaftliche Depression und Unfähigkeit der Politiker ein. Neue Realitäten werden nicht akzeptiert, doziert er mit erhobenem Zeigefinger, zu deuten bleibe eine schillernde Blase, die als Aufschwung Ost vom Dilemma ablenken sollte. Mann ist eben alles, auch seine Konflikte richten sich aufs Überleben ein. Die unangenehme Gewißheit, daß auf Konjunktur die Krise folgt, zwingt zum Selbstschutz. Neue Lösungen müßten gedacht werden, vor allem, da die bisherigen zum eigentlichen Problem gewandelt scheinen. Aus strategischer Vermeidung im Großen wird taktisches Manöver. Die Westfrauen von Rang, so eine Westmannerfahrung, lassen sich nicht gern auf Bindung ein. Ist Verdoppelung des Selbst das eigentliche Ziel? Im Osten wird aus alter Gewohnheit um den Mann gekämpft. Die dortige Frau, meint der Mann, könne aus Herzens- und Erziehungsgründen nicht davon lassen. Letzten Endes aber gilt, daß das Leben zwischen Mann und Frau Kompromisse verlangt, und über manches nicht zu reden ist. Auch gemeinsam bleiben wir unvollkommen. Die Angst vor dem Alleinsein grassiert und diszipliniert im schlechtesten Fall bis zur Selbstverleugung, bis zum Verzicht, bis zur Verzweiflung.

Auf dem U-Bahnhof sehe ich täglich, außer am Wochenende, das gleiche Bild. Neben attraktiven, unauffälligen und reservierten warten noch andere Männer, den trüben Blick nach innen gekehrt. Ihnen ist Not anzusehen. Der ausgebürstete alte Anzug, auch ein fast gebügeltes, fast reinliches Hemd, selbst die schwarzbraune Lederjacke, noch vor Jahren Inbegriff für Männerschick, täuschen nicht darüber hinweg. Grau ist die Haut, als wäre sie seit langem nicht gelüftet, in den Augen ist Enttäuschung gespeichert. Kein Vergleich, keine Wertung macht mobil. Andere Männer, Frauen, Menschen jeglicher Farbe und Mode ziehen, kaum wahrgenommen, an ihnen vorbei. Auf Normalität deutet die frische Morgenzeitung, das große, breite Lächeln ist angesagt. Munterkeit wird sich im Büro einstellen.

Doch wo ist das mir vertrautere Mannsbild abgeblieben? Fährt es vom Stau genervt den eigenen Wagen? Wartet es auf andere Zeiten? Mischt es sich irgendwo ein? Träumt es sich in den eigenen Ursprung zurück? Es befindet sich auch jenseits der neuen Erfahrung, wird alimentiert von einem Staat, der ihm sein Leben noch lange vorzuhalten droht. Heute gibt es selten Zeiten und rare Orte, um zufällig aufeinander zu stoßen. Nie mehr im Kino. Nicht mehr bei der Theaterpremiere. Es gibt keine Kantine, in der wir gemeinsam essen, keine Versammlung, zu der wir uns einzufinden haben, kein Kollektiv im Ferienheim. Der ernsthafte Flirt ist ausgestanden, Beliebigkeit hat die Pflichten abgelöst. Mancher Mann, heißt es, könnte sich aus eingefahrener Gewohnheit nicht anders bewegen als zuvor, was ihn zum Zerrbild mache.

Ich entdecke Neues. Ich gehöre zur anderen Generation. Nicht wir sind an der Zeit vorbeigezogen, sondern die Zeit hat uns hinter sich gelassen. Der Figurenwandel belustigt und irritiert. Meine Nervosität verleugne ich, sie ist neidvoll auf die gerichtet, zu denen ich nie mehr werde gehören können. Alles hat stattgefunden, bevor ich es zur Kenntnis nahm. Der Alltag ist mit frischen, glatten Männerbildern überzogen, die mich verblenden. In grellen

Werbespots aus Übersee erkenne ich die Machart der Modelle. Natürlich weiß ich um männliche Sozialisationsmechanismen, um die Gier nach Verfügungsgewalt über Schlüsselpositionen, natürlich weiß ich um die komplexe historische und chronologische Logik von geschlechter- und generationsspezifischer Verschiedenheit, um den Schock bei Machtverlust, um die Konsequenz der Irrationalität. Natürlich ist mir bekannt, daß Männer meiner Generation derzeit mit be- und verdächtigem Schweigen im Erinnerungstaumel ab- oder in der neuen Zeit wieder aufgetaucht sind. Ich nehme zur Kenntnis, daß ihnen das Ende ihrer Biographien als ausweglos verkündet worden ist. Was nutzt das Wissen? Verbitterte Rückschau macht unerotisch. Ungern spricht man über die persönlichsten Momente der Erfahrung, selten von Gefühlen, doch mit Vorliebe über anderer Männer Macht. Alles kommt von außen. Der Manntyp wird sich aus Überlebenswillen treu sein.

Natürlich vergesse ich im entscheidenden Augenblick, daran zu denken, daß auch ich zu dieser Generation gehöre und die Zeit nur scheinbar abrupt in einem langen Stillstand beendet worden ist.

Über Männer willst du schreiben? Der immer noch jugendliche Männerlover nennt seinesgleichen ganz einfach ein ödes Pack. Sich selbst korrigierend, sind ihm Westmänner langweiliger als die des Ostens, die er aufnahmebereiter, interessanter,

erotischer nennt. Nein, letzteres nicht, jedenfalls nicht pur. Die Umstände hatten es mit sich gebracht, daß der Mann des Ostens vereinfacht blieb, weniger Ich-bezogen, eher auf das Ganze, auch auf etwas Gemeinsames gerichtet. Die Geschwätzigkeit im Detail, umfassende Verschwiegenheit bis zur Kälte aus Vorsicht, die eigene Haut könne ansonsten zu Markte getragen werden, das ist eine der neuen Erfahrungen. War der Ostmann nicht schon immer kameradschaftlicher? Auch die Frau konnte Kumpel sein. Heutzutage wird höflich miteinander umgegangen, selbst der Streit darf sich keine Blöße geben. Jetzt müßte energisch umgelernt werden, und es wird sich kopfschüttelnd angepaßt. Koste es, was es wolle. Der brave Schwejk späht um eine Ecke, ein Schalk sitzt ihm im Auge. Das Markenzeichen fordert zur Imitation heraus.
Westmänner riechen gut. Feinste Parfüms und Rasierwasser und wertvolle Stoffe sind unentbehrlich auf diesem Markt aller Eitelkeiten. Erst Markenware macht den Markenmann zu dem, als der er wahrgenommen werden will. Früher stellte der Mann weniger Körper aus. Die Phantasie ordert den Vergleich, auch Männermode verspricht Zugehörigkeit. Wer wer ist, läßt sich sogar an Schuhsohlen ablesen. Knackige Schenkel werden kokett herausgestellt. Das Modell Jedermann bietet sich in allen Preisklassen an. Bei soviel Schale ist ein Kern schwer zu finden, und das Leben turnt zwi-

schen allen Möglichkeiten, da doch für fast jeden ein passendes Rezept vorhanden ist.
Nur der altmodische Liebeskummer fügt sich nicht ins Kalkül, so daß sich die Liebe kurz-, mittel- oder weitsichtig noch immer ihre eigenen Wege bahnt. Wen wundert es schon, daß immer wieder jemand mit gebrochenem Herzen in einer einsamen Hinterhofwohnung die Abkopplung plant. Eine Frau wird ihr Innerstes ordnen, ein Weilchen an ihm und den Umständen heftig leiden, übersehen, daß es das vorletzte Mal gewesen sein könnte. Eines Tages schlägt die Summe der Erfahrung in Weisheit um, hier setzt der Film manchmal erst an. Erst sichtbares Alter verlangt nach größerer Einsicht. Seien Sie dankbar für große Gefühle! Das sagt freundlich die Therapeutin. Keine Erklärung, nur die Zeit heilt. Nichts Neues wird unter der Sonne geschehen. Stellen Sie sich auf die Situation ein. Es geht nie um das ganze Leben. Zumindest gibt es diese kleine Genugtuung: Auch Männer werden dick, alt, grau und müde.

Wie beruhigend anders, doch keineswegs vertraut, erscheint mir neuerdings die Welt dynamisch junger Geschäftemacher, die sich Developer, Makler, Banker, Unternehmer und Berater nennen, eine Spezies sonderbar geschichts- und fast geschlechtslos wirkender Männer, die mit freundlicher Perfektion elegant Lebensspiralen dreht. Das also sind die Verwalter der nahen Zukunft, die in Aufsichtsräten vertreten sein, Geldverkehr regeln, Immobilienmärkte beherrschen und gefügte Machtweisen in Frage stellen könnten. Sie bestechen durch indirekten, sanften Charme, durch ersuchte Höflichkeit. Die Smarten stellen sich aus, als wären sie ihrer eigenen Produktwerbung entsprungen. Nicht Wort-, sondern Bildabläufe scheinen ihren Handlungen zugrundegelegt. Auch das Signum der ewigen Jugend ist ihr Markenzeichen. Zugespitzt, radikal, spielerisch, cool, geschmeidig, zutraulich und gelangweilt werfen sie mit geeigneten Meinungen herum. Ihnen gehört ein Zeitgefühl. Es nervt sie, sich der ideologischen Männerlogik aus Vorzeiten zu konfrontieren. Professionell nennen sie ihr Tun, glauben an Erfolge, die im Effekt liegen und Kompetenz voraussetzen. Ihnen sind Kosten und Trends geläufig, sie reden von Synergie, Effizienz und Innovation, quixen, surfen und beepen. Das weiche Cashmere hat den distanzierenden grauen Flanell ergänzt, die Rangordnung zeigt sich auch als Manier. Zu späterer Abendstunde treffen sie an Orten ein, wo durch ihresgleichen die Vervielfachung im Genuß zu erwarten ist. Nie lassen sie sich allein. Beinahe zärtlich fassen sie beim ersten Zeichen nach dem Handy, flüstern beschwörend, wedeln mit dem Arm, hören gebannt, welches Rätsel, welche Lösung ihnen am anderen Ende aufgegeben wird. Lachend gehen sie wieder auf Empfang, Hongkong könnte drängen, New York warten. Am späten Abend ist ihr Blick noch

immer munter, frisch der Dreitagebart, die letzte Rasur, der Duft, keine billige Kleiderfalte im Rücken, *Rieläx* das Zauberwort. Sie entspannen durch Gaumenfreude, bevorzugen leichte, auch prickelnde Weine, feinste Blumenarrangements schmücken das Revier. Der kommende Morgen wird früh beginnen. Doch wo sind die adäquaten Frauen? Essen sie anderswo? Man hört von Gattinnen, Freundinnen, Geliebten der erfolgreichen Männer, von den Müttern und den Eigenarten ihrer Kinder.
Es geht prächtig zu in dieser Welt der feinen Männer. Erfolg macht innen schön, Reichtum strahlt außen. Ihr Preis wird fallen oder steigen, das ist eine Sorge der Zukunft. Zeit ist ein launisch Ding.

Geradezu unübersehbar, weil unverschämt öffentlich, drängen sich massiv Werbemänner vor meinen Horizont. Traditionsbewußt durch uroriginale Jeans, sexy im wohlausgeformten Slip (früher trug Mann verschwiegen Unterhosen), von der Leinwand und von Plakatwänden herab und aus dem TV-Zimmereck flimmernd, verschieben sie eine kulturell umgebrochene, sinnlich unberechenbare Begehrlichkeit. Zu erwerben sind demnach wettergegerbte Herren aus Marlboroland, Produzenten von Daniels Whisky und solche, die im Männerbund Bourbon trinken, Stromschnellen überwinden, im neuen Fiat sitzen, sich mit dem Bier wie zu Hause fühlen, Männer, die vor Duftwolken und

Kaffeedunst, Kindermund und Mütterglück kapitulieren, für die langhaarig und langbeinig Verführung aufgeboten wird, Männer, die leicht unrasiert im Abendlicht auf der Felsklippe lagern, den leeren Horizont vor taubengrauen Augen, gerührt die Zigarette zwischen den Fingern, die in Australien einem Känguruh oder in Berlin einem Elefanten begegnen. Es sind Öko-Naturhelden, die vor allem die Freiheit lieben. Der scharfen Wirklichkeit, dem Kraftakt der Städte, den Forderungen des Kapitals, den Konflikten, der Arbeitslosigkeit ist aufs einfachste auszuweichen. Hinweg mit Kindergeschrei, Ehemüdigkeit und Depression. Verantwortung ist eine Floskel von vorgestern, in der Illusion liegt das Übermorgen begraben.

Das Weib dieser Werbewelt ist dem Manne wie selbstverständlich nie ebenbürtig, sondern lohnender Gewinn für seine kaufkraftgestützte Tat. Wäre die Frau ihm ebenbürtig, sie ließe ihn zurück, denn ebenbürtig ginge sie ihm an die Macht, säße sie am Steuer, und er wäre dann das hilflos-raffinierte, aggressiv-romantische Gegenstück zu ihrer digitalisierten Bilderwelt. Nur das Verwöhnfrühstück findet im Dauersonnenschein statt. Wenn der Mann die Ware nicht kauft, steht er im Regen, und die Schönen winken an ihm vorbei. Wer draußen bleibt, ist kein Markenmann; zu alt, zu ungelenk, zu ärmlich, zu schwerfällig, zu müde. Ein Versager. Das sind die Scheinalternativen in der Welt der Scheine.

Irgendwann dann ist der Vorrat aufgebraucht. Wieviel Lebenszeit ist für all das vorgesehen? Hat sich die Handygeneration bessere Strategien ausgedacht? Ihre Anrufbeantworter funktionieren, aber rufen sie an? Die Post wird pünktlich ausgetragen, doch sie schreiben keine Briefe. Das Lebensziel ist das ICH, Frauen sind eines der Mittel zum Zweck. Er hat aber nicht angerufen, sagt sie. Weint. Er hatte es versprochen. Ein ganzes Wochenende umsonst gewartet. Sie wird ihm sagen, sie hätte die Stadt verlassen, den Anrufbeantworter abgestellt. E-mail. Internet. Wohin surft er? Sie kann noch nicht denken, daß er nicht auf sie wartet. Der neue Mann ist der alte. Er nimmt sich nur weniger Zeit für Ausflüchte und Umwege. Time is money, das ist der Klang einer härteren Welt. Sie wird sich nie mehr auf den Augenblick verlassen. Man hatte vereinbart, das Gefühlsrisiko zu minimieren. Cool bleiben, Tücken umschiffen, genüßlich auf Lust einrichten. Ein sympathisches Lieben sollte es sein. Wieviel Nähe zerstört die Distanz?
Das nächste Jahrtausend steht vor der Tür, und alle wollen dabei sein. Über Webseiten läßt sich um die Welt surfen und mit Fremden plaudern. Keine Enttäuschung. Kein Warten. Wegklicken. Im Businesszeitalter braucht der Mensch auch Ruhe. Selbst das Geschlecht wird zur Nebensache, wo Konkurrenz unter Gleichen das Geschäft belebt. Diese dynamischen Jungen sortieren die Hinterlassenschaft. Sie werden das Erbe im Nachlaß verwal-

ten, verschleudern, vermehren. Bis an die übernächste Generation. Es gibt kein einfaches, es gibt einfach kein Zurück. Auch nicht für Ganoven, Gentlemen, Maulhelden, Beaus, Spießer, Latin Lovers, Westernhelden, Revolutionäre, Beamte, Fußballfans. Und so viele stehen ohnmächtig daneben, voll von Sehnsucht, heiser vor Wut, ausgeschlossen, auf Ersatz umgelenkt, nicht wissend, wohin mit der Kraft, dem Mut und der Romantik. Es wird von Männern auch weiterhin hart und grundlos zugeschlagen in Deutschland.

Wir wiederum hinterlassen im Vorgriff auf die anderen Zeiten einen großen Sack voller Erinnerungen an ein anderes Ungleichgewicht zwischen Mann und Mann, Mann und Frau, an eine Zeit, als die Gleichheit zum Greifen nahe schien, Erinnerungen an Launen und Utopien und mißratene Träume von Verantwortung füreinander. Der persönliche Weltschmerz wird weiterhin zu erdulden sein. Die hübschen Bilder einer Irrealität, von der jeder meint, die eigene Wirklichkeit ableiten zu können, führen vorübergehend vom Grübeln weg. Auch Identität wird zum Markenprodukt. Immer muß etwas Neues her, prächtige Illusionstempel werden gebaut, geteilt, erweitert. Es ist hohe Zeit, die passenden Vorbilder einzuspielen. Überlebensgroß flimmern Männer in die Sehnsucht der Frauen, Frauen in die der Männer ein. Andere Öffentlichkeiten sind entstanden, und wie immer setzen sich Gruppeninstinkte durch. Die allgemeinere Solidarität verharrt derweil zersplittert am gesellschaftlichen Rand. Welcher Männertyp folgt den vaterlosen Söhnen, deren Mütter noch unlängst emanzipatorisch ans Selbstleben glaubten, nachdem schon ihre Mütter (oder die Großmütter?) in männer- und vaterlosen Familien aufwuchsen. Das war, als deutsche Kriegerwitwen mit Macht den Neuaufbau übernehmen mußten. Zuvor hatte man ihnen Eigenständigkeit mit Hinweis auf die Mütterrolle ausgetrieben; zu schnell waren sie später wieder bereit, auf ihr Recht zu verzichten. Und wer folgt den Leistungsverweigerern, die ihren fleißigen Vätern in keiner Weise ähnlich sein wollen? Neue Tatsachen, neue Ideen brennen sich nicht automatisch ein. Vielleicht ist es anders, wo die Mehrzahl der Väter nicht in Weltkriegen geopfert wird, wo sie sich auf der historisch richtigen Seite befinden, wo sich das nationale Selbstbewußtsein stolz auf die eigene Vergangenheit besinnen kann. Der deutsche Mann hat seinem Sohn über mehrere Generationen keine positive Erbschaft hinterlassen. Das Übliche wurde vorgelebt, die Geschichte weggeschoben. Dem Manne die Technik, der Frau die Hausarbeit. Wird so eine Zukunft? Das könnte es auch gewesen sein.

Ich träumte früh im Leben vom beherzten Partisanen, vom abgekämpften Befreier, vom starken Mann der Arbeitswelt. Ich schwärmte von kleinen

Suworow-Kadetten, die in schmucker Uniform nach sowjetischem Vorbild Abschied nahmen von Schule, Schülerinnen und Schülern, weil sie für eine allerdings nur fünf Jahre existierende DDR-Kadettenanstalt erwählt waren. Ich sah sehnsüchtig auf anderer Kinder Väter, Onkel, Brüder, die wortlos das größte Stück Fleisch verspeisten, heiter schwankend Sprüche klopften, Witze von sich gaben. Die Welt dieser Männer erschien mir äußerst geheimnisvoll. Mir ist der Geruch der scharfen Bratkartoffeln, von Fusel, Schweiß und Kernseife in der Nase geblieben. In unseren Kreisen roch man anders, da saßen Männer an Schreibtischen, über Büchern, neben Büchern. Sie funktionierten, stritten um Gott und die Welt, hielten Reden, versammelten sich. Wohin wir auch gingen, mein Vater zog eine Zeitschrift, ein kleines Buch aus der Tasche. Keine Minute des Lebens durfte gedankenlos vergeudet werden. Früher waren alle Männer klug, belesen und väterlich. Das Schicksal teilte der Frau den ihr fremden, den großen, den dicken, den netten oder den Mann mit der späteren Glatze zu. Ein Mann trug Anzug, Krawatte und Hut und Verantwortung für diese Welt. Dann der Kleiderwandel, er deutete auf Gesinnungsverlust. Wer sind die zukünftigen Lehrmeister, wenn die Lehre abgeschafft ist?

Als ich den Mann leichtfertig für einen Lieferanten von vergnüglichem Sex, ewiger Liebe, großartigen

Gefühlen und treuer Freundschaft mißverstand, als ihm die Macht für das zugeschoben wurde, was im Großen wie im Kleinen zu tun und zu lassen war, da blieb die Uhr eines Tages einfach stehen, ohne daß jedermann dies bemerkt haben muß. Damals war time noch nicht money, es wurde auch nicht um Arbeitsplätze konkurriert. Ohne den Zwang zu elementarer Existenzsicherung war der Mensch vor allem auf sich selbst und seine ureigensten, auch biologischen Interessen zurückgeworfen. Es kam zum begehrlichen Spiel um Leiber, Seelen und Herzen. Eine Tür öffnen, in der Menge den einen Mann erkennen, Appetit auf diesen anderen Körper spüren. Das Leben war vorübergehend ein Abenteuerspielplatz der Empfindungen. Da avancierte der kleinere menschliche Betrug, der Seitensprung, die unedle Lüge, der Ehebruch zur höchsten aller denkbaren Katastrophen. Selbst war der Mann und proletarisch sein Verlangen.
Die Verlierer der deutschen Einheit sind folglich wir, meint mein altgedienter bester Freund, und tut sich leid. Wir, das sind die gestandenen Männer des Ostens. Eine Ostfrau kann sich zur Not mit Westmännern arrangieren, sagt er, eine Westfrau hingegen wird sich unsereins niemals angewöhnen. Unserer Generation ist das Gleichgewicht verlorengegangen. Die Klassefrauen der anderen Seite haben auf Vermeidung gesetzt. Sie kalkulieren Erfolg, wo die Ostfrau mit Herz aufs Ganze geht. Mit dem Gefühl klappt es meist nicht, aber die Hoff-

nung liegt im Versuch. Die intelligentesten der westlichen Frauen sind kollegial, sachbezogen, auch charmant und arbeitsintensiv. Früher, im Osten, da hat es in Arbeitskollektiven, Kantinen, bei Maifeiern, in der Parteiversammlung, sogar in der Kaufhalle zwischen vielen und manchen geknistert. Überall war Erotik im Spiel. Mit dem Untergang des Landes verweht auch diese Spur. Einer nächsten Generation mag dies wie der Anfang eines Märchens aus ferner Zeit klingen, in dem es auch darum ging, daß eine Elite aus Männern keine Elite, sondern Teil eines Arbeitsvolkes sein wollte. Es ging nicht gut aus, denn irgendwann hatten sich diese Männer gänzlich von sich und ihrem Volk entfernt. Aus jener Zeit stammen jene, denen das Spiegelbild verlorengegangen ist.
Und dann gibt es noch die Geschichte von dem Mann, der gleich nach oder kurz vor dem Mauerfall aus dem Westen in den Osten heimkehrte. Manche dachten an politische Umkehr. Er aber wollte nur die Frau finden, die ihn bewundern und zärtlich lieben würde. Im anderen Deutschland fühlte er sich vor allem wegen einer absehbaren Sicherheit, wegen seines intellektuellen Hintergrunds und seines finanziellen Ausgleichs begehrt. Eine Frau nach seinem Maß hatte er nicht finden können. Wir wissen nicht, wie die Geschichte im wirklichen Leben ausgegangen wäre. Kurz darauf hatte er die Welt für immer verlassen.
Die Frau, die das erzählt, ist 84 Jahre alt. Ich er-

kenne, sagt sie kichernd, kurzsichtig wie ich bin, auf der Straße nur noch die Männer von früher wieder. Es ist, als hätten sich alle Frauen verändert. Ist das nicht komisch?

Irene Runge, *geboren 1942 in New York, Kind deutsch-jüdischer Emigranten, ab 1949 DDR. Schule, Schulabbruch, Abendabitur, Studium Soziologie/Ökonomie, Promotion 1979. Wissenschaftliche Oberassistentin, ab 1975 auch publizistisch tätig. Bücher (Auswahl): »Älter werden – alt sein« (1982), »Himmelhölle Manhattan« (1986), »Sechs Wochen Jerusalem« (1990), »Einheitsschock« (1993 mit Margarete Mitscherlich), »Ich bin kein Russe. Jüdische Einwanderung nach Deutschland« (1995). Lebt mit Ehemann in Berlin.*